综合评价招生

—— 你必须知道的高考升学新路径

周鹏飞 著

顾问（按姓氏音序排列）

李登柱　宋静静

吴　雪　项　洁

上海社会科学院出版社
SHANGHAI ACADEMY OF SOCIAL SCIENCES PRESS

让这本书，帮你做人生最重要的选择

当年高考，我填报志愿时，特别茫然。

那时候我生活在黑龙江的一个农村，在县城的一所普通高中上学。高考前一个月，我面对着志愿填报表，一脸懵懂。

是的，那时候是1996年，我们北方，是先填志愿，再高考，也就是还没考试就稀里糊涂选学校。不像现在，考试之后，知道了分数再报志愿。

父母亲朋，都是农民，你如果问他们，村西那两亩地适合种什么庄稼，新抓的小猪仔过年时候能不能杀了吃肉，西瓜地里可不可以同时种白菜，他们如数家珍、头头是道。

可是高考该报哪个学校，选什么专业，他们两眼一抹黑，也不能说给不了任何意见，他们的意见就是：听老师的，听老师的。

而老师的建议也没有太多参考价值，因为我所在的高中，那么多年，文科生，没几个考上大学的。考上的，也基本都是省内的三本或者专科学校。

也没有电脑，接触不到互联网。唯一可以参考的资料，我到现在都记得很清楚，是一本白色的、印刷很粗糙的报考指南。里面像电话号码簿一样，列着各个大学的名称，以及在黑龙江省招什么专业的学生，每个专业招几个人。

就三方面信息：大学名称，招生专业，录取人数。其他，什么都没有。

我对着那本指南，发了两天呆，最后在志愿填报表上写了两所学校的名称。本科选的中国农业大学，专科选的南开大学，专业都是英语。

高考结束，我最终被中国农业大学录取，在那里读了四年本科。

回首往事，我一直不知道该如何评价当时的选择。是不是该选其他学校的英语专业，因为英语并不是中国农业大学的强项，它厉害的是畜牧、农林、生物和兽医。

我也不知道，是不是选中文专业会更好，因为我的中文，从过去到现在，都比英文要好。

无从知道，因为那时信息闭塞，选择有限。

现在好了。

读着周鹏飞《综合评价招生——你必须知道的高考升学新路径》书稿，我真的为现在的学生和家长高兴。

因为你们有了更多选择。人的幸福感来源之一，就是有选择权。

在本书中，鹏飞列举了很多很多种高考升学新路径，比如综合评价、军队院校招生。还有很多之前我没有听说过的，比如边防军人子女预科班、公费师范生，等等，让我大开眼界。

现在我从事的是教育培训工作，认识很多院校的老师，也经常给朋友的孩子出主意，高考选哪个学校，选哪些专业。而鹏飞的这本书，大大开拓了我的视野，原来，在升学这件事上，我不知道的，这么多；不声不响的周鹏飞，对这件事，研究得如此深入。

是的，认识周鹏飞，有五六年的时间了。2014年开始，就知道他和一群人，活跃在职业生涯辅导、高考志愿填报领域。

他不喧嚣，不浮躁，始终专注在高考这个领域踏实耕耘。

大浪淘沙，天道酬勤，彼时熙熙攘攘的同行者，如今烟消云散不再听闻。

而周鹏飞开始出现在各个学校，各种论坛，以专家的身份，分享新高考政策下的应对策略，获得了广泛认可和赞誉。

如今，他又出版了这本书，让人再次对他刮目相看。

人的一生，只有几次关键性的选择，比如高考、第一份职业、结婚。

这几次选择，会深深影响一生的走向。

衷心希望鹏飞的这本书，以及他的分享、咨询，能够帮到更多的学生和家长，在高考之际，做出更明智的选择。

是为序。

王鹏程　培训师、畅销书作家

前　言

从 1977 年恢复高考以来，我国的高校招生已经从最初的单一的裸分录取方式逐渐发展为多元化的录取路径——艺术类、体育类、特长生、保送生等，给了高中生越来越多的选择。而随着新高考改革的不断推进，尤其是在上海、浙江、山东、江苏等高考改革的先行省市，"综合评价招生"这一全新的高考录取方式，正扮演着重要的角色。

据统计，2019 年全国共有 99 所高校开放了综合评价批次招生，涵盖了各层次院校，既有 985、211、双一流等名校，也有其他一本、二本院校，甚至部分高职（专科）层次学校也参与其中，为不同层级的学生提供了更多的入学路径。不过在与一线家长和学生的交流中发现，他们对这一入学方式的认知有限，甚至部分学校和教师也不太了解，认为综合评价招生只适合成绩特别突出的学生，适合的对象有限。因此促成笔者写作本书的愿望，希望把综合评价招生这一全新的高考入学新路径介绍给更多的人，让广大的学生多一个选择。

本书共分为七章。第一章简述了当下的多元化升学路径，包括综合评价、强基计划招生、艺体类、高水平艺术团、高水平运动队、高职院校提前招生等 26 种高校录取路径，每种路径适合不同的学生，大家可以根据实际情况加以选择。第二章以新高考方案为蓝本，解读了"3+1+2"、"两依据一参考"、等级赋分、选科规则、院校专业组等核心概念，帮助大家了解综合评价招生的出台背景。第三章解释了为什么要参加综合评价招生的问题，梳理了综合评价招生实施八年来的现状，并重点分析了其三大优势——高考裸分相对低、面试逆袭可能大、多一次录取机会。第四章说明了如何参加综合评价招生，以招生流程为纲，详细解释了适合的学生、如何报名等，并提出综合评价招生的准备要从高一开始，绝不是等到高三。第五章阐述了在报名和招生面试中的重要材料准备，即自我陈述和研究性学习课题，并列举了相关案例给大家参考。第六章以高校面试为话题，对面试题型和应答进行了总结，提出了面试前、中、后的相应准备内容，以便高质量通过高校面试。第七章对全书进行了总结，从生涯的高度对高中三年的学业进行规划，并独家提出了综合评价招生入学的倒三角模型——生涯为思路、档案为抓手、面试为阵地，助力学生决胜未来。

在阅读上，不必遵循从头至尾的顺序，可以选择自己感兴趣的章节进行阅读。如果对新高考方案有所了解，可以跳过第二章内容；如果想了解生涯规划和综合评价招生的关系，可以重点阅读第七章内容；如果想深入了解综合评价招生，则阅读第三至五章内容；如果好奇竟有多达 26 种的入学通道，可以阅读第一章的内容；如果想重点了解面试，则第六章值得重点研读。

回顾笔者自己的求学之路，总是唏嘘视野的局限，只知道闷头死读书，直到走上工作岗位后，与"生涯"结缘，至此便一发不可收拾。尤其是新高考改革后，中学生涯教育开展得如火如荼，如何将生涯教育与学生升学规划有效结合起来，一直是深入思考的一个问题，而综合评价招生则是这两个问题的结合点。作为一种全新的入学方式，它既要求学生有良好的学习成绩，也要注重三年的综合发展；它既要求学生知道自己要去哪里，也要清晰自己是谁；它既要求学生有一定的理论积累，也要有丰富的实践经验。而这一切，生涯教育都给出了自己的回答，并以高中三年综合素质评价档案材料的方式呈现出来，有效助力学生的升学发展。

本书是在给上海、北京、天津、江苏、山东、安徽、湖北、湖南、辽宁、四川等全国各地教师、学生和家长讲座的基础上，结合自己的思考写作而成。因此特别感谢一线的教师和学生，在与他们的交流中，自己收获颇多启发和灵感，也知晓了生涯的落地一定要结合学生的升学发展，否则容易头重脚轻。

希望本书能够给广大的高中学生打开一扇窗，并以此拓展自己的升学道路，进入心仪的高校和专业。写作过程中难免有疏忽和错误之处，欢迎大家批评指正，以便不断完善。

周鹏飞

2020 年 1 月于上海

目　录

让这本书，帮你做人生最重要的选择 1

前言 1

第一章　多元化的升学通道 1
　　一、条条大路通罗马 1
　　二、适合才是最好的 17

第二章　读懂新高考方案 20
　　一、当下的高考模式 20
　　二、改革核心：两依据一参考 22
　　三、等级赋分规则 25
　　四、选科规则与策略 28
　　五、院校专业组 38

第三章　为什么要参加综合评价招生 40
　　一、综合评价招生的内涵 40
　　二、综合评价招生的实施现状 42
　　三、参加综合评价招生的优势 47

第四章　如何参加综合评价招生 51
　　一、综合评价适合的对象 51
　　二、综合评价报考的流程 54

第五章　综合评价招生的重要材料 66
一、自我陈述材料 66
二、研究性学习课题 70

第六章　综合评价招生中的面试 79
一、面试概述 79
二、高校面试题型解析 83
三、高校面试的相应准备 90

第七章　用生涯思维决胜未来 94
一、生涯的基本思路 94
二、高中三年日程安排 114
三、综合评价入学模型 117

附录 119
附录1　2019年综合评价招生院校名单（99所） 119
附录2　2020年强基计划试点高校名单（36所） 121
附录3　2019年高校专项计划招生院校名单（95所） 122
附录4　2019年招收高水平艺术团院校名单（48所） 123
附录5　2019年招收高水平运动队院校名单（287所） 124
附录6　2019年军队招生院校名单（27所） 127
附录7　2019年港澳台高校招生院校名单（113所） 128
附录8　不同地区等级赋分规则汇总表 129
附录9　上海市2019年普通高等学校招生院校专业组目录（样表） 131
附录10　高中研究性学习课题报告范例 133
附录11　985、211、双一流高校名单 140
附录12　2019年度高中学生可以参加的全国性竞赛活动名单 145

第一章　多元化的升学通道

说起进入大学的通道，相信"高考"两个字会第一时间蹦出来。如果再追问一下，除了这个，你还知道有哪些吗？基本上就听不到回音了。如果不信，不妨此刻看书的你，试着写下 10 种路径。你觉得怎么可能写出那么多，事实上，目前国内高校的升学通道还不止这个数，尤其是高考改革后，给了我们更多的选择，但很多孩子和家长都不了解，只知道"一条道"走到底。

一、条条大路通罗马

那么，到底有哪些通道可以让我们进入大学呢？除裸分报考志愿外，普通高中生进入高校学习的途径还包括综合评价招生、强基计划招生、专项计划、保送生等 26 种。其中，大部分是要参加普通高等学校招生全国统一考试（俗称"高考"）才能走的通道，但也有些是不需要参加高考就可以入学。如果我们能够对它们有基本的了解，就能够在高中阶段早做准备，从而选择适合自己的升学通道。

（一）国内升学

1. 综合评价招生

综合评价招生是指高校在录取新生时，综合考量学生统一高考成绩、高校自主考核成绩、高中学业水平测试成绩、综合素质评价档案以及高校自身培养特色要求等维度内容，对学生综合评价，择优录取。

2019 年，全国共有 99 所高校参与综合评价招生（参见附录1），其中 985 工程、211 工程、双一流建设高校、创新型高校占比达到 42%。参与高校预计每年 3 月中下旬至 4 月初发布招生简章，有意向的学生符合报名条件后，须按照要求在教育部阳光高考网特殊类型招生报名平台（https://gaokao.chsi.com.cn/zhpjbm/）或高校官方网站提交自荐信、研究课题、获奖证书等申请材料；5 月中下旬公示初审通过的学生名单；在高考出分前，通过初审的学生至高校参加考核，并由学校确定入选名单；待高考出分后按要求填报志愿，高校依据一定比例折算综合分数后，择优录取。上海市是在高考出分后，按照分数填报志愿，由高校按照志愿情况公布面试名单，然后再按规则折算后择优录取。关于综合评价的详细内容，请阅读第三至第七章内容。

2. 强基计划招生

为了解决原有自主招生中学科过于宽泛、重点不集中、个别考生提供不真实的学科特长材料等挑战，在深入调研和总结高校自主招生和上海等地高考综合改革试点经验的基础上，教育部于 2020 年 1 月发布了《关于在部分高校开展基础学科招生改革试点工作的意见》（教学〔2020〕1 号），简称强基计划。自 2003 年以来实施长达 17 年之久的自主招生模式不再组织，由强基计划取代。

强基计划主要选拔有志于服务国家重大战略需求且综合素质优秀或基础学科拔尖的学生，重点在数学、物理、化学、生物及历史、哲学、古文字学等相关专业招生，聚焦高端芯片与软件、智能科技、新材料、先进制造和国家安全等关键领域以及国家人才紧缺的人文社会科学领域。

起步阶段，强基计划的实施高校为"世界一流大学建设高校"A 类的 36 所（详见附录 2），招生采用高考成绩、高校考核成绩、学生综合素质评价信息等按比例合成综合成绩（其中高考成绩所占比例不低于 85%），最终根据考生志愿从高到低按顺序录取。对极少数具有突出表现的考生，可破格录取，但高考成绩不得低于本一线（合并录取批次省份应单独划定分数线）。需要指出的是，强基计划不以专利、论文、竞赛证书等作为入围高校考核的做法，而是以学生的高考成绩作为依据，所以强基计划的高校考核安排在高考成绩公布之后，由高校按各省招生计划名额的一定倍数确定参加校考学生名单。对于通过强基计划选拔进入高校的学生，不得转到相关学科之外的专业就读，高校会实行导师制和小班化培养，并探索本硕博衔接的培养模式。

根据教育部公布的政策，2020年强基计划的招生程序为：①3月底前高校公布招生简章；②4月份学生网上报名；③6月份参加统一高考；④6月25日前，各省（市、区）向高校提供高考成绩；⑤6月26日前，高校确定入围学校考核的学生名单；⑥7月4日前，高校组织考核，包含笔试、面试和体育测试，其中体育测试作为录取的重要参考；⑦7月5日前，高校根据综合分数择优录取，被录取的考生不再参加后续高考志愿录取。

欲报考2020年强基计划的同学，请及时关注3月底前各大高校发布的招生简章，按照要求进行报名，并参加后续选拔事宜。

3. 专项计划

专项计划是国家安排高校面向农村和贫困地区定向招生的一种方式，由国家专项、地方专项和高校专项组成。其中，高校专项和地方专项只招农村学生，国家专项所招学生只要是贫困县学生即可，即贫困县城镇户口的学生只能报国家专项。具体区别详见下表，有意向的同学须查看当地具体招生区域，确定是否符合报考条件。

表1 三大专项计划汇总表

名称 指标	高校专项	国家专项	地方专项
实施区域	定向招收边远、贫困、民族等地区县（含县级市）以下高中勤奋好学、成绩优良的农村学生	集中连片特殊困难县、国家级扶贫开发重点县以及新疆南疆四地州	定向招收各省实施区域的农村学生，要对本省（区、市）民族自治县实现全覆盖，具体看本地公布的政策
报考条件	（1）符合2019年统一高考报名条件 （2）本人具有户籍所在县高中连续3年学籍并实际就读 （3）本人具有实施区域当地连续3年以上户籍，其父亲或母亲或法定监护人具有当地户籍	各省（区、市）根据本地实际情况确定。基本和高校专项和国家专项条件一致，具体查看本地公布的政策
招收学校	教育部直属高校和其他相关试点高校	中央部门所属高校和各省（区、市）所属重点高校	各省（区、市）所属重点高校
院校层次	一本	一本与二本	一本
报考方式	按各招生高校公布的招生简章要求执行（须提前报名）	按省级招办志愿设置及录取批次要求填报志愿，各省招办单独划线、单独录取

从录取情况来看，国家专项录取分数线略低于招生院校在当地的一批线，但幅度不大。如 2019 年复旦大学在湖南省文科第一批录取线为 655 分，国家专项文科录取线为 649 分。而同一所学校的高校专项录取分则比国家专项要低，所以更有吸引力。如 2019 年复旦大学文科类高校专项平均低于国家专项录取线 15 分，理科类平均低于国家专项录取线 22 分。

除了录取分数的优势外，参与高校专项计划的院校水平也很高，共有 95 所高层次院校在 2019 年招生（参见附录 3）。95 所院校中，211 高校数量达到 92 所，占比 96.8%，仅北京语言大学、黑龙江大学、西南政法大学不是。要提醒一下大家，与国家和地方专项不同，报考高校专项需要提前在阳光高考网报名并接受初审，具体安排详见各高校最新招生简章。

4. 艺术类招生

艺术类考试简称"艺考"，招生专业包括本科与高职（专科）两大类。本科招生专业指的是《普通高等学校本科专业目录（2012 年）》中"艺术学门类"下设各专业，高职（专科）招生专业指的是《普通高等学校高等职业教育（专科）专业目录（2015 年）》中"艺术设计类""表演艺术类"下设各专业和"民族文化类""广播影视类"等部分专业。

欲参加艺考的学生应报名参加文化课和专业课考试。专业课考试分为省统考和校考两种形式（美术类和设计类专业 2019 年不再组织校考）。获得专业考试合格证的学生，须参加高考获得文化成绩后，才有资格填报相关艺术院校（专业）志愿。

近年来，随着报考人数的增加，艺术类文化课成绩要求越来越高：2019 年，艺术生高考文化课录取控制分数线将分别不低于当地高考二本线的 70% 或 75%，而 2018 年的要求是不低于当地二本线的 65%；艺术类高职（专科）专业录取控制分数线不得低于本省普通高职录取控制分数线的 70%。可见，"艺考"与"易考"不再画等号，学生除了要在专业考试中出彩，还不能落下文化课的学习。

5. 高水平艺术团

高水平艺术团招生是指部分高校为活跃校园文化和丰富校园生活而招收艺

特长学生，与艺术类招生不是一回事。学生在录取时，可以享受不低于本校在生源省份本科第一批次最终模拟投档线下20分的优惠政策；对于极少数艺术团测试成绩特别突出的学生，取消"进一步降低文化成绩录取要求的优惠办法"。

报考需要经过"报名—艺术测试—名单公示—高考—志愿填报—录取"等步骤，因不同学校要求存在差异，学生须关注各高校发布的招生简章，按照具体要求进行报考。

2019年，高水平艺术团招生与之前相比，有了较大变化：①美术、书法、播音与主持三个专业不再列入招生计划，主要招收音乐、舞蹈、戏剧艺术团；②极少数测试成绩突出的学生人数不超过学校当年艺术团招生计划的10%（原来为15%）；③2020年起对极少数艺术团测试成绩特别突出的学生降低文化课成绩录取的优惠将取消。可见，国家对高水平艺术团的要求越来越严格。

高水平艺术团与艺术类招生不同：①高水平艺术团招收的是高校普通专业，"艺考"招收的是艺术类专业；②"艺考"的招生计划名额和学校很多，而高水平艺术团招生计划名额和学校都比较少。2019年，参与高水平艺术团招生的院校共有48所（参见附录4），均为211高校，可见虽然数量不多，但层次非常高。

6. 体育类招生

体育类招生专业包括体育教育、社会体育指导与管理、运动训练、武术与民族传统体育、运动人体科学、运动康复、休闲体育、体育经济与管理、新闻学（体育新闻方向）等。

报考体育类专业的学生，要按生源所在省级招办要求参加高考报名、考试、填报志愿等。其中，报考体育教育、社会体育指导与管理、休闲体育等专业，要参加高考文化考试和体育专业测试（身体素质＋专项技术），届时可查阅各地的招考规定；报考运动人体科学、体育经济与管理、新闻学（体育新闻方向）等专业的学生一般不必参加体育专业考试和面试，但须具备一定的体育运动基础。

报考运动训练、武术与民族传统体育的学生，可参加单独招生考试，即我们常说的"体育单招"。根据最新公布的政策，2020年全国招收运动训练专业的院校有99所，招收武术与民族传统体育专业的院校有54所。其中，运动训练专业设11个冬季项目，51个其他项目；武术与民族传统体育专业设3个项目。欲参加的学生，需要具备相应项目的二级运动员（含）以上运动技术等级称号，在"中国运动文化教育网www.ydyeducation.com"或"体教联盟APP"中"普通高等学校运动训练、武术与民族传统体育专业招生系统"进行注册并报名。考试实行文化考试（语数英政）和体育专项考试（全国统考+分区统考）相结合的办法。

7. 高水平运动队

高水平运动队招生是普通高校为了活跃校园生活，提高体育竞技水平，并满足大学生运动会的组队需要而招收具有体育方面特长的学生。学生在被录取时，可以享受不低于生源省份本科第二批次控制分数线的优惠政策；对于少数体育测试成绩特别突出的学生，不得低于本科第二批次录取分数线的65%，且此类学生不得超过当年高水平运动队招生计划的30%。

报考需要经过"报名—资格审核—专业测试—名单公示—高考—志愿填报—录取"等步骤，因不同学校要求存在差异，学生须关注各高校发布的招生简章，按照具体要求进行报考。

2019年，高水平运动队停止了柔道、摔跤等项目的招生，棋（牌）类、定向越野、龙舟、赛艇等生源不足的高水平运动队项目也将逐步停止招生，并在2022年前调整到位。2019年高水平运动队新增项目以足球、冰雪为主。对于想走高水平运动队的学生来说，小众项目越来越难，如果提前准备国家鼓励的项目，会有极大的优势。根据2020年公布的最新要求，高水平运动队考试中，组织游泳、武术、跆拳道、击剑、棒球、射击、手球、垒球、橄榄球、冰雪、赛艇等11个项目统测，各地各校不再组织统考、联考、校考。

与体育类招生相比，高水平运动队学生可以报考非体育类专业，而体育招生报考的是体育类专业。2019年，全国参与高水平运动队招生的高校有287所（参见附录5），其中114所为双一流高校，占比为39.7%。

8. 三项招飞

三项招飞是空军、海军和民航招收高中生飞行员的简称，于每年9月份启动报名，经过初选、复选等一系列的检测，最后定选录取。有航空飞行梦想的高中生，可以登录中国空军招飞网、中国海军招飞网、中国民用航空招飞信息系统，查看相应招生简章，选择适合自身条件的招飞方式报考。如空军招飞属于军校招生，招收飞行学员入空军航空大学或清华大学、北京大学、北京航空航天大学"双学籍"飞行员班学习。

飞行员招考对身体条件要求较高。如空军要求为：身高在 164~185cm 之间，体重不低于标准体重的 80%、不高于标准体重的 130%，标准体重（kg）= 身高（cm）－110。裸眼视力 C 字表 0.8 以上，未做过视力矫治手术，无色盲、色弱、斜视等。海军要求为：身高 165~185cm（赤脚测量），体型匀称；体重在 52kg 以上，未满 18 周岁体重在 50kg 以上，身体质量指数符合标准。平静时血压值不超过 138/88mmHg，不低于 100/60 mmHg，脉压差不小于 30mmHg，脉搏 56~100 次 / 分。用 C 字视力表检查，双眼裸眼远视力不低于 0.8（相当于 E 字表 1.0），无色盲、色弱、斜视，未做过视力矫正术（如准分子手术、角膜塑形镜矫治等）。无口吃，无文身，听力、嗅觉正常。

飞行员除了对身体条件有很高的要求外，文化课成绩要求也很高，空军和海军均提出高考成绩不低于统招一本线，其中海军还要求外语限考英语，数学、英语单科成绩不能过低。但最终录取的学生中，高考成绩远不止一本线，如 2019 年海军招收的飞行员录取平均成绩超过一本线 47 分，所以想考飞行员的同学，文化课成绩也一定要跟上。

9. 军队院校招生

有意向到军校就读的学生，除了报考空军和海军的招飞外，还可以参加军队院校招生。军校报考流程在每个省市的规定有所差异，学生按照当地公布的具体政策流程报考即可。一般来讲，流程包括政治审核、面试体检、填报志愿、投档录取，其中通过政审和体检是前提。体检标准可查看中央军委训练管理部院校局授权发布的自 2017 年 1 月 1 日起施行的《军队院校招收学员体格检查标准》；政治条件要符合《关于军队院校招收普通高中毕业生和军队院校接收普通高等学校毕业生政治条件的规定》。

学生根据体检结论，对照院校专业体检标准，填报提前录取批次志愿，但不得兼报公安、政法、航海和其他提前录取本科批次院校。军队院校新生入校后，由院校组织政治考核和身体复查，复查合格者取得学籍和军籍，享受部队供给制学员待遇。毕业学员由院校根据上级下达的分配计划，统一分配到部队工作。

2019年，共有27所军校面向全国招生（参见附录6），合计招生13 026人，其中文科390人，占比3.0%；女生742人，占比5.7%。可以发现，军校招生以理科和男生为主。

10.公安政法院校招生

有志于从事公安政法事业的学生，可以报考公安政法类普通高等院校。该类院校的招生条件包括：政治条件、身体条件、面试和体能条件。身体条件检查的项目和标准，参照《公务员录用体检通用标准（试行）》（人社部发〔2016〕140号）和《公务员录用体检特殊标准（试行）》（人社部发〔2010〕82号）执行，同时须符合报考学校其他身体条件要求；体能测试项目包括50米跑、立定跳远、1 000米跑（男）/800米跑（女）、引体向上（男）/仰卧起坐（女）等四个项目，其中有3个及以上达标的，体能测评结论为合格，合格标准见表2。因具体招考在每个省市有所差异，学生按当地具体要求参加相应考核即可。凡未注明招收女生人数的计划，均只招男生。

表2　公安院校体能测试项目及合格标准

性别	测试项目	可测次数	合格标准
男子	50米	1次	≤9.2秒
	1 000米		≤4分35秒
	引体向上		≥9次/分钟
	立定跳远	3次	≥2.05米
女子	立定跳远		≥1.5米
	50米	1次	≤10.4秒
	800米		≤4分36秒
	仰卧起坐		≥25次/分钟

达到报名条件且政审合格的学生凭准考证和身份证、登记表和政审表参加面试、体检和体能测试，在提前批次填报志愿。以江苏省举例，2019年

本科招生院校（专业）包括：中国人民公安大学、中国刑事警察学院、中国人民警察大学、铁道警察学院、南京森林警察学院、中央司法警官学院、江苏警官学院、华东政法大学（侦查学）、中南财经政法大学（公安学类）等。其他地区学生可查看当年最新的招生专业目录。

11. 航海院校招生

航海类专业主要包括航海技术、轮机工程和船舶电子电气工程三个专业。航海类专业主要设置于海事类院校。2019年，本科招生院校主要有：上海海事大学、上海海洋大学、浙江海洋大学、集美大学、烟台大学、大连海事大学、广州航海学院等。

航海类专业与普通本科专业相比，在报考方面有一些特殊要求，主要体现在身体条件方面。该类专业学习较为辛苦，不适宜女生报考。如大连海事大学2019年招生章程中明确提出：

"航海技术、轮机工程（海上专业）、船舶电子电气工程、救助与打捞工程专业，由于工作性质特殊，不适宜女生报考，其他专业无男女比例限制。航海技术专业要求辨色力正常（无色盲无色弱），无复视，身高1.65米及以上，双眼裸视力均能达4.7（0.5）及以上，且矫正视力均能达4.9（0.8）及以上；轮机工程（海上专业）、船舶电子电气工程专业要求无色盲，无复视，身高1.60米及以上，双眼裸视力均能达4.6（0.4）及以上，且矫正视力均能达4.8（0.6）及以上。"

12. 边防军人子女预科班

边防军人子女预科班是一种主要针对边防军人子女的高考优惠方式。由烟台大学、桂林电子科技大学、长春工程学院、西安邮电大学、西华大学五所学校负责组织培养。边防军人子女预科班考生由军队各大单位按条件上报中央军委有关部门，中央军委有关部门负责审核确认考生报考资格。高考分数为生源地高考本二线以下80分以内，或按照生源地边防军人子女预科班控制线，从实际录取情况来看，基本在二本线下40分左右。

符合条件的对象为：在驻国家边疆国境的县（市）、沙漠区、国家确定的三类以上艰苦边远地区或解放军总部划定的二类以上岛屿工作累计满20年的军人的子女；在国家确定的四类以上艰苦边远地区或解放军总部划定的特类岛屿工作累计满10年的军人的子女；在飞或停飞不满1年以及达到飞行最高年限的空勤军人的子女；从事舰艇工作满20年的军人的子女；在航天和涉核岗位工作累计满15年的军人的子女。

13. 公费师范生

公费师范生是指报考教育部六所直属师范大学（北京师范大学、华东师范大学、东北师范大学、华中师范大学、陕西师范大学、西南大学）的师范专业后，有条件地接受公费师范教育的学生。即在校学习期间，免除学费、免缴住宿费，并补助生活费，如北京师范大学每生补助标准为600元/月。有意向从教的高中生，可以考虑此路径。

入读公费师范生，国家确保就业；且任教满一学期后，可申请免试在职就读教育硕士专业学位研究生。当然，享受权利的同时也要承担相应的义务。根据《教育部直属师范大学师范生公费教育实施办法》的规定：学生毕业后一般回生源所在省份中小学任教，并承诺从教6年以上；到城镇学校工作的公费师范生，应到农村义务教育学校任教服务至少1年，同时协议期内不能报考全日制研究生。如果违反承诺，需退还已享受的公费教育金和违约金，并记入个人诚信档案。

录取分数上，一般而言的排序依次为：北京师范大学—华东师范大学—其他四所师范大学。华中师范大学、东北师范大学、陕西师范大学、西南大学的录取分数受地理位置影响较大，需查询各师范大学在本省的录取分数线。

14. 定向培养

主要指乡村教师定向培养与乡村医生定向培养两种方式。

乡村教师定向培养的报考条件为：户籍在有定向培养计划县的学生填报本县乡村教师定向志愿，如果学生户籍所在县（市、区）没有培养计划，一律不能填报。其最大的优势是毕业后就业有保障，政府确保有编有岗，且享受一定的补偿优惠。目前，全国有多个省市实施乡村教师定向培养政策，具体可查阅当地政策。

以江苏省为例，毕业生回徐州（含铜山区）、连云港（含赣榆区）、宿迁

（含宿豫区）、淮安（含淮阴区和淮安区）、盐城（含大丰区）的农村地区学校（不含县级政府驻地乡级行政区），服务满3年后，一次性返回在学期间的所有学费。2019年，参与定向培养乡村教师的本科院校有：江苏师范大学、扬州大学、南通大学、江苏第二师范学院、南京晓庄学院、盐城师范学院、淮阴师范学院，合计招生2 877人，列入本科高校提前批次、分数执行本二批次省控线上报名，按志愿填报情况分县（市、区）择优录取。

乡村医生定向培养是国家在高等医学院开展农村定向医学生免费培养工作，重点为乡镇卫生院及以下的医疗卫生机构培养从事全科医疗的卫生人才。报考条件为：户籍在有医学生免费培养计划县的学生可以填报本县乡村医生定向志愿，如果学生户籍所在县（市、区）没有培养计划，一律不能填报。在校学习期间，免除学费，免缴住宿费，并补助生活费。目前，全国有多个省市实施乡村医生定向培养政策，具体可查阅当地政策。

以江苏省为例，2019年，本科农村定向医学生招生院校的本一院校为南京医科大学、苏州大学、南通大学、江苏大学、扬州大学、徐州医科大学、南京中医药大学，本二院校为南京医科大学康达学院、南通大学杏林学院。招生专业包括临床医学、预防医学、麻醉学、中医学等，本科合计招生679人，分数分别按所在院校批次线择优录取。

15. 定向士官生

定向士官生招生，是为加快培养军队建设需要的高素质士官人才，在国家核定的高职（专科）层次招生计划内，为陆军、海军、空军、火箭军、战略支援部队、武警部队和国防动员部招收定向培养士官的一种入学路径。需要注意的是，士官生执行专科提前批录取政策。

士官生报考不同省市要求存在差异，学生须关注各地的招生政策，按照具体要求进行即可。如江苏省报考流程一般为"报名—预招—政审体检—面试—录取—补充"等6个步骤，2019年面向江苏省生源招生510人（女士官11人）。

士官生培养学制为3年，毕业后取得大专学历。前2.5学年全部课程由高校负责，招收部队根据需要指导教学；后0.5学年为入伍实习期，由部队负责，实习完成后由高校办理毕业手续。

16. 中外合作办学招生

中外合作办学是指中国教育机构与外国教育机构依法在中国境内合作举办以中国公民为主要招生对象的教育教学活动。按办学主体分为两类：一是中外合作办学机构，如上海纽约大学、昆山杜克大学、西交利物浦大学、宁波诺丁汉大学、温州肯恩大学、深圳北理莫斯科大学、广东以色列理工学院等；二是中外合作办学项目，如山东大学与澳大利亚西澳大学合作举办金融学专业本科教育项目、南京理工大学与英国考文垂大学合作举办工业设计专业本科教育项目等。

中外合作办学项目毕业后，一般由中方高校颁发本科毕业证书、学士学位证书，外方高校颁发学位证书，没有毕业证书。有的外方高校仅颁发写实性证书（不具备学历证明）、有的仅给赴外学习的学生颁发学士证书。具体可咨询所报考的招生院校。

这里要提醒家长和学生的是，要区别正规项目和"野鸡"项目，最简单方法就是查看本省市最新的"招生专业目录"，正规项目都会在其中呈现。同时，和国内普通高校和专业学费相比，中外合作办学的学费比较贵，对家庭经济条件要求较高。

17. 港澳台高校招生

到香港、澳门、台湾地区高校读大学是不少高考学生和家长的选择之一。2019年，有15所香港高校、6所澳门高校在内地招生，有92所台湾高校在大陆招生（具体名单详见附录7）。不同高校的招生方式也不尽相同，具体查看招生院校的招生简章。但不管何种招生方式，都要求学生参加高考，且分数须至少达到或超过生源所在地的第二批本科录取控制分数线，否则不具备填报资格。从近些年录取情况来看，香港大学、香港科技大学等名校均超过本一线百分以上，所以难度不低。

香港地区高校招生面向内地所有省市，分为统一招生和独立招生两种。其中，香港中文大学和香港城市大学两所高校纳入统招范围，由省招生办统一公布招生计划、统一填报志愿、统一实行网上录取。其他香港地区高校均实行独立招生，学生要参加学校单独组织的笔试和面试，由学校根据学生高考成绩和其他要求录取新生，参加提前批次录取。

澳门地区高校招生面向内地所有省市，实行独立招生方式，即学校单独接受考生网上报名的方式，录取分数线由学校自行确定。各校具体招生情况可登录"澳门高等教育辅助办公室"网站查询。

台湾地区大学院校学士班（本科）招生面向北京、上海、江苏、浙江、福建、广东、湖北及辽宁八省市，相关信息可以查看"海峡两岸招生服务中心"网站。2019年，台湾地区有关高校于7月5日前完成本科录取，凡被录取并经本人确认的学生，不再参加大陆高校的统一录取。

最后提醒一点，选择港澳台地区高校入学的同学需要考虑家庭经济情况，香港高校每年费用16-18万元人民币左右，澳门高校每年费用约7万元人民币左右，所以经济条件有限的家庭，需要慎重考虑。

18. 少数民族预科班、民族班

少数民族预科班、民族班重点招收边远农村、高寒地区、山区、牧区的少数民族考生，也可适量招收散杂居的少数民族考生。需要参加当年统一高考，且要在本地有招生计划才行。按照教育部有关规定，少数民族预科生录取标准不得低于招生院校在该省、自治区、直辖市相应批次提档分数线以下80分。

一般情况下，预科生的培养时间为一年，在读期间，重点上好汉语文、数学、外语等基础课程和形势与政策课程。少数民族预科生在预科录取时不确定专业，预科结业后，由学校根据社会发展需要及学生德、智、体情况，在一定专业范围内，结合学生预科培养期间的成绩及报考志愿确定其专业。

很多家长和老师会问，预科班升入本科学习后与普通学生的区别。按照政策规定，预科生转入本科学习后，与普通学生在保研、转专业等方面享受同等待遇。所以符合条件的少数民族学生，可以关注各大高校发布的最新招生简章，按照要求报考即可。

19. 少年班（少年生）

目前，中国科学技术大学、西安交通大学、东南大学在全国招收少年班，其中最著名的就是中国科学技术大学，分为少年班和少年班创新试点班，少年班年龄限制在15周岁及以下，创新试点班年龄限制为16周岁及以下。此外，清华大学丘成桐数学英才班招收有志于从事数学研究的普通高中二年级在校学生、三年级应届毕业生；北京大学数学英才班招收有志于从事数学研究的普通高中二年级在校学生。由于不同院校招生要求存在差异，有意向的考生和家长可以查看院校的招生简章。

20. 保送生

保送生指应届优秀高中毕业生，经过规定的报名、考核等程序后，可免于参加全国统一高考，直接进入高校学习。已确认报送录取的学生不再参加高考统一录取，换句话讲，保送生不用参加高考即可进入高校学习。

2020年起，具备保送生资格的只有四类学生：中学生学科奥林匹克竞赛国家集训队成员、部分外国语中学推荐优秀学生（见表3）、公安英烈子女、退役运动员。其中，公安英烈子女按有关规定只能保送至公安类院校，外国语中学推荐保送的学生录取到外语类专业，鼓励退役运动员申请保送至高校体育学类本科专业。

表3 具有推荐保送生资格的十六所外国语中学名单

天津外国语学校	石家庄外国语学校	太原外国语学校	长春外国语学校
上海外国语学校（含浦东校区）	南京外国语学校	杭州外国语学校	厦门外国语学校
南昌外国语学校	济南外国语学校	郑州外国语学校	武汉外国语学校
深圳外国语学校	广东外语外贸大学附设外语学校	成都外国语学校	重庆外国语学校

21. 春季高考

春季高考简称"春考"，给学生在普通高考前增加了一次进入高等院校学习的机会，一定程度上避免了"一考定终身"。截至目前，全国举行春考的省市有上海、天津、山东、福建等地，其中福建省春季高考又被称为"高等职业教育入学考试"，每个地区的春考只面向本省市的学生，故也只有这些地方的学生可以选择该路径。

实施春季高考省市的招生院校基本为高职院校，专业受限较大，总体吸引力不高，如天津市、山东省和福建省均以高职（专科）层次为主、本科层次为辅。这里要说明的是，虽然整体层次不高，但被春季高考录取的学生与被普通高考录取的学生的待遇是一样的，不会被差别对待，只是招生的途径不同而已。如果学生在春考中没有被录取，也不影响后续的普通高考。不过因为各地具体规定不同，所以有意向参加当地春考的学生，要密切关注本地最新的招生政策。

在所有实施春考的省市中，上海的春考非常受学生和家长的欢迎。首先，招生院校均为本科层次，共有23所高校，其中包括上海大学、上海中医药大学、上海海洋大学3所"世界一流学科建设"高校；其次，参与招生的很多专业都是国家级特色专业或市属高校应用型本科专业，如上海师范大学的学前教育，上海应用技术大学的香料香精技术与工程等，毕业后就业前景非常好。

22. 高职院校提前招生

高职院校提前招生是符合条件的高职（专科）层次院校，经过批准，由学校自主进行入学测试、自主确定入学标准、自主实施招生录取的招生方式。学生参加院校提前招生测试合格后，可直接被录取，不用再参加6月份的统一高考。而且，入学后与普通批次录取的学生完全一致，只是录取的方式不同。

虽然是高职（专科）层次院校招生，但对于成绩达不到本科线的同学来说，通过该种方式进入大学不失为一种很好的方式。它有三大优势：①时间换分数，3年专科毕业后升本通道开放，相对较低的分数5年时间拿到本科学位；②录取机会大，从录取结果看，很多提前招生的院校在普通批次录取中，分数高于本科线，而参加提前招生相当于赚到了本科的分数线；③优先选专业，有些专业在提前批招满了就不在普高批次招了。有意向的学生，可以查阅本地区的招生简章，按照要求报考即可。

23. 成人高考

成人高考是成人高等学历教育入学考试的简称，列入国家招生计划，国家承认学历。主要分为专科起点本科（专升本）、高中起点升本科（高起本）、高中起点升高职/专科（高起专）。如果未能通过高考、春考、专科提前招生等途径录取的学生，还可报考高中起点升本科或高中起点升高职/专科，毕业后可获得国家承认的本、专科学历文凭，本科毕业生符合相关条件还能申请学士学位。

成人高等教育的学习形式方便灵活，分为脱产、业余及函授三种。脱产是学生在国家规定的修业年限内，全日制在校学习的形式；业余一般指在国家规定的修业年限内，学生利用晚上或周末时间集中听课的学习形式；函授是指在国家规定的修业年限内，学校对学生集中一段时间进行面授辅导、考试，学生利用业余时间自学的学习形式。

全国成人高校统一招生报名时间为8月底9月初，考试时间一般安排在10月份。由于成人高考是属于"严进宽出"型，其学历证书获得相对较难，学信网可查，所以社会认可度较高。

24. 自学考试

高等教育自学考试是对自学者进行的以学历认证为主的高等教育国家考试。按照规定，不论学生的高考成绩高低，都能注册报名参加自考。自学考试每年4月份、10月份各举行一次统一考试。

一般而言，学生可根据自己的情况选择相关的专业，学习该专业的课程，并经国家组织的统一考试，合格一门发一门的合格证书，所有科目合格后，方可申请毕业，毕业后即可取得大学专科或本科的毕业证书，毕业生还可以申请学士学位。由于自考是属于"宽进严出"型，其学历证书获得最难，学信网可查，所以认可度高，包括国外的许多国家都会认可及承认。高考没有被录取的学生，可参加自考，实现大学梦。

25. 网络教育

网络教育是网络高等学历教育的简称，是主要面向在职从业人员的非全日制高等教育。学生在规定的学习年限内，修满教学计划规定的学分，颁发国家承认的相应层次的毕业证书。对本科层次的学生而言，需要通过国家的网络教育统一考试，若达到相应学位授予条件者，颁发学士学位证书。需要注意的是，毕业证书会加注"网络教育"字样。

由于网络教育是属于"宽进宽出"型，其学历证书获得比较容易，学信网可查，所以网络教育的认可度较弱，相对文凭而言，学生们更看重的是网络教育学院所依托的品牌学校、专业实力。不少网络学院设置的专业都是学校的重点专业。高考没有被录取的学生，也可以考虑此种方式。

（二）国外留学

除了上述介绍的国内升学路径外，我们还可以选择国外留学的方式。虽然国外不同大学对留学生的入学要求有所不同，但一般而言，均要求获得高中毕业证书，具备良好的外语水平，很多学校还会参照高考成绩。出国留学需要考虑家庭经济能力并非所有学生都适合。要提醒高考落榜学生，一定要打好语言基础，并注意避免落入"野鸡大学"的骗局；要提醒家长，自理能力弱、依赖性强的学生也不太适合独自到国外求学。

表4 26种升学路径汇总表

综合评价招生	强基计划招生	专项计划
艺术类招生	高水平艺术团	体育类招生
高水平运动队	三项招飞	军队院校招生
公安政法院校招生	航海院校招生	边防军人子女预科班
公费师范生	定向培养	定向士官生
中外合作办学招生	港澳台高校招生	少数民族预科班、民族班
少年班（少年生）	保送生	春季高考
高职院校提前招生	成人高考	自学考试
网络教育	出国留学	

最后，提醒大家，虽然我们列举了绝大部分的升学路径，但并没有覆盖全部。所以，大家在选择路径时，一定要认真查阅本地区的招生政策，做到心中有数，才能胸有成竹！

二、适合才是最好的

通过对26种升学路径的介绍，我们知道了在高中毕业后有如此丰富的选择。那么究竟哪一个才是最好的呢？综合评价还是强基计划招生，艺体类还是高水平艺术团和高水平运动队……我们认为在了解自身实际情况的基础上，选择适合的升学路径，才是最好的。

如对于高考落榜生而言，可以考虑成人高考、自学考试、网络教育、出国留学等；而春季高考、高职（专科）院校提前招生等就不需要参加 6 月份的统一高考，一般在 5 月份就完成志愿的填报与录取工作；农村户籍的学生可以参加国家、地方、高校三大专项计划；有艺术和体育特长的学生又不想就读艺术和体育类专业，可以参加高水平艺术团和高水平运动队；有明确教师志向的可以考虑公费师范生等。

表 5　不同升学路径特点汇总表

序号	升学路径	适合学生群体	是否需要统一高考成绩
1	综合评价招生	综合素养好、生涯规划意识强、注重高中三年全面发展的学生	是
2	强基计划招生	学习成绩优异，在数学、物理、化学、生物、历史、哲学、古文字学等基础学科领域拔尖的同学	
3	专项计划	面向集中连片特殊困难县、国家级扶贫开发重点县以及新疆南疆四地州等特定区域，或具有农村户籍的学生，要求成绩优良	
4	艺术类招生	有艺术特长，成绩要求相对较低，入读艺术类专业	
5	高水平艺术团	有艺术特长，但想就读高校普通专业的学生	
6	体育类招生	有体育特长，成绩要求相对较低，入读体育类专业	
7	高水平运动队	有体育特长，但想就读高校普通专业的学生	
8	三项招飞	身体条件符合要求	有强烈的飞行员梦想，成绩优秀
9	军队院校招生		有强烈的军校渴求，成绩优良
10	公安政法院校招生		对公安政法职业有明确倾向
11	航海院校招生		有明确航海职业倾向，能吃苦，女生不宜
12	边防军人子女预科班	父母为符合要求的边防军人	
13	公费师范生	有明确的教师职业倾向，成绩优秀的同学	

（续表）

序号	升学路径	适合学生群体		是否需要统一高考成绩
14	定向培养	有明确教师或医生职业倾向，户籍地有招生计划		是
15	定向士官生	成绩只能够到专科层次，但又想读军校的学生		
16	中外合作办学招生	欲在国内享受国外教育资源的学生，要求家庭经济条件好		
17	港澳台高校招生	欲去港澳台地区高校就读，家庭经济条件好，成绩较好		
18	少数民族预科班、民族班	边远农村、高寒地区、山区、牧区等少数民族考生		
19	少年班（少年生）	成绩优异、智力出众的学生，年龄符合报考学校要求		是（西安交通大学实行"预科—本科—硕士"贯通培养，不需要高考成绩）
20	保送生	学科奥赛国家集训队成员、16所外国语中学优秀学生、公安英烈子女、退役运动员		否
21	春季高考	考取重点本科困难，考虑一般本科和重点高职院校特色专业		
22	高职院校提前招生	考取本科困难，但想入读较好的高职院校和专业		
23	成人高考	高考落榜学生	认可度较高，需要有脱产学习时间	
24	自学考试		认可度较高，费用低，适合自律性强的学生	
25	网络教育		认可度较低，时间灵活	
26	出国留学	英语较好、自律性强、家庭经济条件好的学生		视具体情况

从最初只有高考裸分录取的一条通道，到后来的多元化升学路径，高校招生给了我们越来越多的选择。而随着新高考改革的不断推进，"综合评价招生"这一全新的录取方式，正扮演着重要的角色。从上表中我们也可以看出，相对于其他类型的入学通道，"综合评价招生"没有某一方面的指标要求，转而更强调三年的全面发展和生涯规划，所以给了学生更多的机会，也体现了素质教育导向。

第二章　读懂新高考方案

自2014年上海和浙江两省市开始试点高考改革以来，至2019年已有14个省市分三批落地了改革方案。未来，其他省市将结合实际情况，制订本地新高考改革的实施时间表。新高考改革内涵比较丰富，涉及考试内容、考试方式、高校招生录取等诸多方面，我们可以通过"两依据一参考"的核心内容，结合"等级赋分""选科规则""院校专业组"等概念帮助我们理解新高考方案。

表6　高考改革省市汇总表（截至2019年底）

批次	省市				模式	落地时间
第一批	上海		浙江		3+3	2014年秋季入学的高一学生开始，2017年整体实施
第二批	北京	天津	山东	海南		2017年秋季入学的高一学生开始，2020年整体实施
第三批	辽宁	河北	福建	广东	3+1+2	2018年秋季入学的高一学生开始，2021年整体实施
	江苏	湖南	湖北	重庆		

一、当下的高考模式

在详细阐述新高考方案之前，有必要简单了解下目前我国高考的主要模式。现行高考主要可以分为三类：

（一）"3+文综/理综"模式

"3"是指语文、数学（分文理科）、外语三门科目，考生必须全部参加；

"文综"指政治、历史、地理,"理综"指物理、化学、生物,考生选择其一参加。选择文综科目,数学考文科卷,选择理综科目,数学考理科卷。这是当下全国多个省份实行的主要模式。

(二)"3+1+1"模式

该模式即"3+学业水平测试+综合素质评价"。"3"是指语文、数学、外语三门科目,考生必须全部参加;"学业水平测试"科目包括政治、历史、地理、物理、化学、生物、技术(含通用技术和信息技术)等七门,分为选修两门和必修五门,选修科目由学生在历史、物理中选择一门,然后再在政治、地理、化学、生物四门中选择另一门,学生选定的两门选修测试科目之外的五门为必修测试科目;"综合素质评价"包括道德品质、公民素养、学习能力、交流与合作、运动与健康、审美与表现等六个方面。这是江苏省自2008年施行的方案,2020年为最后一届,从2021年起江苏实行"3+1+2"新高考方案。

(三)"3+3"和"3+1+2"模式

这是改革后的高考新方案。"3+3"的第一个"3"代表语文、数学和外语三门科目,考生必须全部参加;第二个"3"代表学生要在物理、化学、生物、政治、历史、地理6门科目中任意选择3门作为高考选考科目(浙江省多了一门技术,即7选3)。该模式为上海、浙江、北京、天津、山东、海南6省市实行的模式。

"3+1+2"的"3"代表语文、数学和外语三门科目,考生必须全部参加;"1"代表学生先在物理和历史中选择1门高考选考科目,选择物理就不能再选历史,反之亦然;"2"代表学生要在剩下的化学、生物、政治、地理4门科目中再任意选择2门作为高考选考科目。该模式为辽宁、河北、江苏、福建、广东、湖南、湖北、重庆8省市实行的模式。

三种模式中,新的高考方案将是未来改革的趋势和方向。虽然第三批改革的省市从原先的18个省市缩减至8个,但这不意味着改革的迟滞,而是各地基于改革经验做出的合理调整。这从中共中央办公厅、国务院办公厅印发的《加快推进教育现代化实施方案（2018—2022年）》文件中可以明确看到。方案提出"要积极稳妥推进考试招生制度改革，坚定高考改革方向，完善普通高中学业水平考试制度"。正是对新高考改革方案的再确认。可见，新高考改革的步伐和目标一直很明确，就是要打破一考定终身，打破唯分数论，提倡高校录取的综合评价模式，从而支持学生的综合素养和生涯发展。

二、改革核心：两依据一参考

（一）统一高考科目成绩：依据一

统一高考科目指的是由教育部考试中心统一命题的语文、数学、外语三门科目，于每年6月份统一考试，不分文理科。其中，外语在不同地区考试的次数有所不同：上海、浙江、北京、天津、山东、海南实行两考，时间分散在高三不同时间，参见表7；江苏、辽宁、河北、福建、广东、湖南、湖北、重庆实行一考，时间安排在6月份。

表7　外语两考安排统计表

省市	是否两考	两考时间安排 第一次	两考时间安排 第二次	备注
上海	是	1月	6月	全部两考
浙江	是	10月	6月	全部两考
海南	是	高三上学期末	6月	全部两考
天津	是	3月	6月	6月份笔试不包含听力，3月份包含两次听力和1次笔试
北京	是	12月/3月	6月	听力两考，分别安排在12月和3月，笔试在6月份
山东	是	高三上学期末	6月	听力两考，安排在高三上学期末，笔试在6月份

语文、数学、外语3个科目，每科满分均为150分，总分450分，各科均以原始成绩计入总成绩，其中实行外语两考的地方，成绩取最高的一次计入总成绩。

（二）学业水平考试成绩：依据二

高中学业水平考试分为合格性考试和等级性考试，第三批改革的江苏等8省市又将等级性考试称为选择性考试，二者含义相同。

合格考覆盖高中学习的所有科目，包括语文、数学、外语、政治、历史、地理、物理、化学、生物、音乐、美术、体育、通用技术、信息技术等多门科目。考试成绩以"合格"或"不合格"呈现：成绩合格，是普通高中学生毕业、高中同等学力认定、高职院校单独招生录取的主要依据，也是部分高校综合评价录取的参考；成绩不合格，无法取得高中毕业证书。考试时间每个省份有所差异，学生按照所在省市统一安排参加即可。

等级考（选择考）考试成绩以等级分形式呈现，并计入学生高考总成绩，是高考统一录取的依据之一。等级考（选择考）在不同省份的实施有所区别，具体如下：①"3+3"选考，学生任意在物理、化学、生物、政治、历史、地理（浙江省包含技术）六门（七门）中，选择其中三门科目；②"3+1+2"选考，学生需要先从物理与历史中择其一，再从剩下的化学、生物、政治和地理四门中选择两门科目，其中物理和历史以原始分计入，另外四门以等级分计入。至此，学生高考总成绩由语、数、外3门成绩，加上学生选择的3门等级考（选择考）成绩构成，上海满分为660分，其余省份满分为750分。

表8 各地高考总分构成表（海南省因采用标准分未列入）

科目	计分方式
语数外	● 三门科目每科满分均为150分，总分450分，各科均以原始成绩计入总成绩
物化生政史地（技术）	● 上海：六门科目每科满分均为70分，任意选择三科，总分210分，合计总分660分 ● 浙江：七门科目（多了一门技术）每科满分均为100分，任意选择三科，总分300分，合计总分750分 ● 北京、天津、山东：六门科目每科满分均为100分，任意选择三科，总分300分，合计总分750分 ● 江苏、辽宁、河北、福建、广东、湖南、湖北、重庆：六门科目每科满分均为100分，先在物理和历史中选择一科，再在剩余四门科目选择两科，总分300分，合计总分750分

时间安排上，大部分省市都与统一高考一起安排在每年的 6 月份，但也有例外。如上海市允许学生在高二阶段完成生物和地理的等级考，高三 5 月份再参加其他四门科目的等级考，所以要查看当地的具体规定，按照统一安排参加即可。

（三）综合素质评价档案：一参考

综合素质评价内容分为思想品德、学业水平、身心健康、艺术素养、社会实践五个方面，主要考查学生在高中阶段的遵纪守法、创新思维、体质达标、审美能力、劳动实践等。该档案在高考招生录取，尤其是综合评价招生等方面占据一定权重。如从上海市各大本科院校公布的《普通高中学生综合素质评价信息使用办法》来看，该档案在综合评价招生、春季高考招生、高职院校提前招生中作为重要参考材料。

目前，上海市历时三年形成的每位学生一份的《上海市普通高中学生综合素质纪实报告》，已经率先在高校综合评价录取改革试点的招录环节参考使用。根据上海市参加综合评价录取改革试点学生的调研数据，有近 70% 的学生表示面试时考官结合其综合素质评价信息报告进行提问，这表明高校在面试过程中，较为普遍地对高中学生综合素质评价信息进行了参考，做到了"既见分又见人"。

综合素质评价档案的内容按学期填写，学生使用账号密码登录各地统一的信息管理平台，一般在第一学期末或第二学期初统一上传。需要注意的是，一经上传在截止时间后便不得更改，所以，对于想参加高校综合评价、强基计划招生的学生而言，需要认真对待综合素质评价档案表的填写，切不可敷衍了事。

综合素质评价表格的部分内容由学校统一导入，如基本信息、考试成绩、党团活动等，还有部分内容由学生自主填写，主要包括自我陈述材料、研究性学习课题等。研究性课题体现与未来大学专业的一致性，上海市还针对高中生开通了第三方课题认证平台，学生提前预约即可答辩。自我陈述材料要求体现个性特点、兴趣爱好、发展志向，要展现出生涯规划的意识。社会实践活动也尽量选择与自己未来职业专业相匹配的参加，如"上海市学生社会实践信息记录电子平台"用于高中生选择合适的服务基地志愿者岗位，档案中的相应部分内容直接从这里导入。

图1　山东省普通高中学生综合素质评价信息管理系统界面展示（部分）

三、等级赋分规则

上文提到等级考（选择考）采用赋分的方式计入高考总成绩。目前，14个省市赋分的规则有所差异，但基本上可以分为三种：

（一）恒定差额分

所谓恒定差额分，是指将选择某科目的学生按照原始分进行排序，然后划定百分比，在百分比内的学生获得同样的等级分。以上海市为例：6门选考科目每科原始分为100分，转换时以40分作为起点，满分70分。将每门科目学生的原始分从高到低依次划分为 A^+、A、B^+、B、B^-、C^+、C、C^-、

D⁺、D、E 共 11 个等级，各等级人数所占比例分别为 5%、10%、10%、10%、10%、10%、10%、10%、10%、10% 和 5%，分数分别为 70、67、64、61、58、55、52、49、46、43、40。

表 9　上海市等级赋分规则表

等级	A⁺	A	B⁺	B	B⁻	C⁺	C	C⁻	D⁺	D	E
比例	5%	10%	10%	10%	10%	10%	10%	10%	10%	10%	5%
分数	70	67	64	61	58	55	52	49	46	43	40

若小王选择了历史科目，则上海市所有选择历史科目的学生按照历史原始成绩排序，小王的原始成绩位于 A 区间，则其计入高考成绩的分数为 67 分。

该方式是上海、浙江、北京、天津四省市采用的规则，区别在于各地规定的百分比不同，具体的赋分值略有不同（详见附录 8）。它对学生成绩按照百分比的方式进行统计，打破分分计较，有积极的一面；但也可能存在一刀切的现象，也引起了一定的争议。如两位同学的原始成绩可能只相差 1 分，但是最终结果可能存在 3 分的差距。所以，后续改革省份根据本地实际提出了等比例换算的规则。

（二）等比例换算分

所谓等比例换算分，是将选择某科目的学生按照原始分进行排序，然后划定百分比，在百分比内的学生按照等比例规则换算得到具体的分数。以江苏省举例：化学、生物、政治、地理四门科目每科原始分为 100 分，转换时以 30 分作为起点，满分 100 分。将每门科目学生的原始分从高到低依次划分为 A、B、C、D、E 共 5 个等级，各等级人数所占比例分别为 15%、35%、35%、13% 和 2%，然后按照等比例转换原则，分别转换到 100-86、85-71、70-56、55-41 和 40-30 五个分数区间，根据转换公式计算，四舍五入得到学生转换后的等级分。

表10　江苏省等级赋分规则表

等级	A	B	C	D	E
人数比例	约15%	约35%	约35%	约13%	约2%
赋分区间	100–86	85–71	70–56	55–41	40–30

具体转换公式为：$\dfrac{Y_2-Y}{Y-Y_1} = \dfrac{T_2-T}{T-T_1}$，其中 Y 表示原始分，$Y_1$ 和 Y_2 分别表示原始分区间的下限和上限，T 表示转换分，T_1 和 T_2 分别表示转换区间的下限和上限。

若小王选择了化学科目，他的化学成绩原始成绩为75分，经统计落在B等级区间内，假设该等级的原始分区间分布为82–61（真正的原始分区间要到高考成绩出来后才知道），而赋分区间分布为85–71，按照等比例换算规则，计算公式为 $\dfrac{82-75}{75-61} = \dfrac{82-T}{T-71}$，T ≈ 80。

该方式是山东、江苏、辽宁、河北、福建、广东、湖北、湖南、重庆9省市采用的规则，其中山东省的规则与其他8省市有所差异，体现在百分比和赋分区间上。第三批改革省份中广东省和其他7省市也略有差异，其各等级人数比例约为17%、33%、33%、15%和2%，将卷面成绩依照等比例法则，分别换算到100～83、82～71、70～59、58～41和40～30五个分数区间，得到每个考生的等级分。它能够保持学生每门学科成绩排名顺序不变，确保成绩转换的公平公正；同时最大限度地保证学生的成绩具有良好的区分度，满足高校人才选拔需要，避免了一刀切的恒定差额分数。

（三）标准分

它是将全体考生的学科原始分数从大到小进行排序，然后计算每一个分数以下的考生占考生总数的百分比 Pi 或百分等级 Ri；再由每个分数的百分比 Pi 或百分等级 Ri 查正态分布表，找出所对应的正态分数 Zi，从而得到每一个原始分数所对应的正态化标准分 Zi；最后进行线性变换，公式为：Ti=500+100×Zi。从而得到了学科的常模量表分数。考生最后的综合分就是基于每门学科的标准分，结合各门学科的权重进行合成计算，再按照学科常模量表分数的步骤而产生。

标准分有其优点：原始分数往往受试题的难度和区分度的大小的影响，而且把原始分直接相加来合成总分的方法，就好像100元人民币加上100美元得到的200元一样，是不能准确反映其价值高低的，因此按照统计学原理换算的标准分，使得各科分数有了共同的参照系和等值相加的可能，保证了各科在总分中的权重。但其最大的弊端就是普通公众难以理解，而高考成绩面向的广阔群体都是普通公众。目前，全国仅有海南省采用此计分方式。

四、选科规则与策略

新高考后对学生来说最大的变化，就是要求学生在高一年级结束后，在物理、化学、生物、政治、历史、地理6门科目中确定3门作为自己的选考科目。这对于刚进入高中一年的学生来说，存在着一定的挑战。从实际情况来看，很多学生不了解选科规则，不清楚选择的科目与未来的专业限考关系，十分迷茫。

（一）选科组合类别

在了解选科规则之前，我们先来了解一下目前新高考改革后的选考科目组合类别。目前，选考组合可以分为三大类：①以浙江省为代表的35种组合，即从物理、化学、生物、政治、历史、地理、技术（含通用技术和信息技术）7门中任意选择3门的"7选3"；②以上海、北京等地为代表的20种组合，即从物理、化学、生物、政治、历史、地理6门中任意选择3门的"6选3"；③以江苏、广东等地为代表的12种组合，即先从物理和历史中2选1，选择物理就不能选历史，选择历史就不能选物理，再从政治、地理、化学、生物中4选2。

表11　第三批试点省市12种选科组合统计表

物理、化学、生物	物理、生物、政治	历史、化学、生物	历史、生物、政治
物理、化学、政治	物理、生物、地理	历史、化学、政治	历史、生物、地理
物理、化学、地理	物理、政治、地理	历史、化学、地理	历史、政治、地理

（二）选科规则要求

学生选择科目的组合，和未来大学招生专业的要求息息相关。在上海和浙江先行试点的经验基础上，2018年初教育部颁发了《普通高校本科招生专业选考科目要求指引（试行）》，要求大学科学设置选考科目要求，分专业（类）提出1门、2门和3门要求或不提要求。目前，第一批和第二批改革省份全部公布了2020年的选考科目要求，第三批改革省份中的江苏、河北、湖南、湖北、重庆等地也已经公布了首选科目要求与再选科目要求。我们把相关规则总结如下表：

表12　"3+3"模式下的选科规则要求

科目要求		说明
1门要求		学生必须选考该科目方可报考
2门要求	2选1	学生选考其中1门即可报考
	均必选	学生均须选考方可报考
3门要求	3选1	学生选考其中1门即可报考
不提要求		学生选择任意3门选考科目组合均可报考

【举例】　法学类的法学专业：A高校提出选考科目要求为"政治"1门科目，则学生选考的3个科目中须有"政治"科目方可报考；B高校提出选考科目要求为"政治""历史"2门科目并要求"学生均须选考方可报考"，则学生选考的3个科目中须有"政治""历史"2门科目方可报考；C高校提出选考科目要求为"政治""历史"2科并要求"学生选考其中1门即可报考"，则学生选考的3个科目中有"政治"或"历史"1门科目即可报考；D高校选择"不提科目要求"，学生在"政治、历史、地理、物理、化学、生物"中选考任意3科均可报考。

表13 "3+1+2"模式下的选科规则要求

科目要求			说明
首选科目要求（物理、历史）	仅物理		表示首选科目为物理的学生才可报考，且相关专业只在物理类别下安排招生计划
	仅历史		表示首选科目为历史的学生才可报考，且相关专业只在历史类别下安排招生计划
	物理或历史均可		表示首选科目为物理或历史的学生均可报考，且高校要统筹相关专业在物理、历史类别下安排招生计划
再选科目要求（政治、地理、化学、生物）	1门要求		学生必须选考该科目方可报考
	2门要求	均必选	学生均须选考方可报考
		2选1	学生选考其中1门即可报考
	不提要求		学生选考科目符合高校提出的首选科目要求即可报考

【举例】法学类的法学专业：A高校首选科目要求选择"仅历史"，再选科目选择"政治"1科，学生必须选考"历史"和"政治"2科方可报考；B高校首选科目要求选择"物理或历史均可"，再选科目选择"政治"1科，学生必须选考"物理""政治"2科或"历史""政治"2科方可报考；C高校首选科目要求选择"物理或历史均可"，再选科目选择"政治""地理"2科并要求"学生选考其中1门即可报考"，学生首选科目中有"物理"或"历史"，再选科目中有"政治"或"地理"1科即可报考；D高校首选科目要求选择"仅历史"，再选科目选择"不提科目要求"，学生选考科目中有"历史"即可报考。E高校首选科目要求选择"物理或历史均可"，再选科目选择"不提科目要求"，学生在"物理""历史"中选择1科，在"政治、地理、化学、生物"中选择2科即可报考。

所以，大家一定要查看全国普通高校在本省市公布的最新选科要求指引文件，否则不符合想报考专业的要求，哪怕分数再高，高校也不会录取。同时，要提醒大家的是，不同学校的同一个专业选科要求存在不同。如上海市公布的2020年选科要求中，同样是"临床医学"专业，复旦大学医学院要求物理、化学2科均需选择方可报考，而华中科技大学要求化学、生物2科均需选择方可报考；同样是"心理学"专业，华东师范大学要求物理、化学选择1门即可，而北京大学要求物理必须选择方可报考……这样的例子有很多，故选科时要根据自身成绩定位，查看不同大学的选科要求，切忌想当然。

（三）"3+1+2"选科详情

除了选科规则明确外，随着河北、湖南、重庆、江苏、湖北等地2021年普通高校本科专业（类）选考科目要求的公布，"3+1+2"下的选科详情也浮出水面。因规则一致，不同在于具体的专业数和要求方面存在差异，因此这里以江苏省公布的数据为例进行分析，其余地区可参考此分析或查看本地数据。

1. 整体情况

2019年8月20日，江苏省教育厅发布了《2021年拟在江苏招生的普通高校本科专业（类）选考科目要求的公告》。从整体上看，共有27 754个专业（类）在苏招生。其中首选科目要求"仅物理"的有13 099个，"仅历史"的有748个，"物理或历史均可"的有13 907个。具体见下表统计情况：

表14　江苏省2021年本科专业（类）选考科目要求数据统计（单位：个）

再选科目要求 \ 首选科目要求	仅物理	仅历史	物理或历史均可
化学（1门科目考生必须选考方可报考）	2017	1	244
生物（1门科目考生必须选考方可报考）	46	0	26
政治（1门科目考生必须选考方可报考）	3	87	246
地理（1门科目考生必须选考方可报考）	29	13	24
化学、生物（2门科目考生均须选考方可报考）	174	0	26
化学、地理（2门科目考生均须选考方可报考）	3	1	0
生物、地理（2门科目考生均须选考方可报考）	0	0	1
政治、地理（2门科目考生均须选考方可报考）	1	9	7
化学、生物（2门科目考生选考其中一门即可报考）	1244	0	338

（续表）

再选科目要求 \ 首选科目要求	仅物理	仅历史	物理或历史均可
化学、政治（2门科目考生选考其中一门即可报考）	2	0	4
化学、地理（2门科目考生选考其中一门即可报考）	65	1	147
生物、政治（2门科目考生选考其中一门即可报考）	2	0	4
生物、地理（2门科目考生选考其中一门即可报考）	6	5	14
政治、地理（2门科目考生选考其中一门即可报考）	3	53	78
不提科目要求	9 504	578	12 748
合计　27 754	13 099	748	13 907

从上表我们可以看出，选择"物理"可以覆盖97.3%的专业（类），选择"历史"可以覆盖52.8%的专业（类）。提出三门选科要求的组合有"物化生、物化地、物政地、史化地、史政地"合计188个专业（类），其中最多的是"物化地"组合，经过统计发现大多集中在医学类、农学类、环境类专业。提出两门必选的组合有"物化、物生、物政、物地、史化、史政、史地"合计2 193个专业（类），其中最多的是"物化"组合，大多集中在工科大类专业和部分医学类专业；其次是"史政"组合，大多集中在法学大类和部分教育学类、新闻传播学类、艺术学类专业。所以有意向就读该类专业的同学，选课时要注意选择相应科目。

当然，首选科目要求"物理或历史均可"，再选科目要求"不提要求"的专业（类）也达到了12 994个，占据招生总专业（类）的46.8%，说明还是有很多专业（类）可以报的。而且我们进一步统计后发现，归属"985""211""双一流"等高水平大学的专业（类）有1 727个，占到13.3%，可见并不都是层次低的学校。

如果学生经过探索，明确知道自己未来的大学和专业，则一定要选择相应科目；如果经过探索后仍不明确，则不一定非得选择专业（类）覆盖率高的科目。

2. 为什么采用此模式

在前两批试点方案中，高校提出的科目要求中物理是次数最多的。以天津市为例，2020年拟在天津市招生的普通高校本科专业中，对于选考物理的学生来说，专业覆盖率为91.6%。以此类推，化学、生物、政治、历史、地理五门选考科目的专业覆盖率分别为62.2%、53.6%、43.8%、45%、45%。同样的结果在海南省也得到了验证，2020年拟在海南省招生普通高校本科专业中，物理、化学、生物、政治、历史、地理的专业覆盖率分别为90.9%、63.1%、55%、46.3%、47%、47.1%。

从可能性上说，覆盖面最广的科目选择的人数应该最多。但实际结果如何呢？以上海教育考试院公布的数据为例，2019年，全市学生选择的科目人数从高到低依次为地理、生物、历史、化学、政治、物理。物理居然是选择人数最少的，而且过往三年一直如此。究其原因，恐怕和物理的学习难度有关，地理和生物两门学科相对而言比较容易，所以吸引了大量的学生选择，并且物理选择人数逐年降低，已经连续两年低于上海市最低保障基数15 000人的标准，可谓"跌跌不休"。

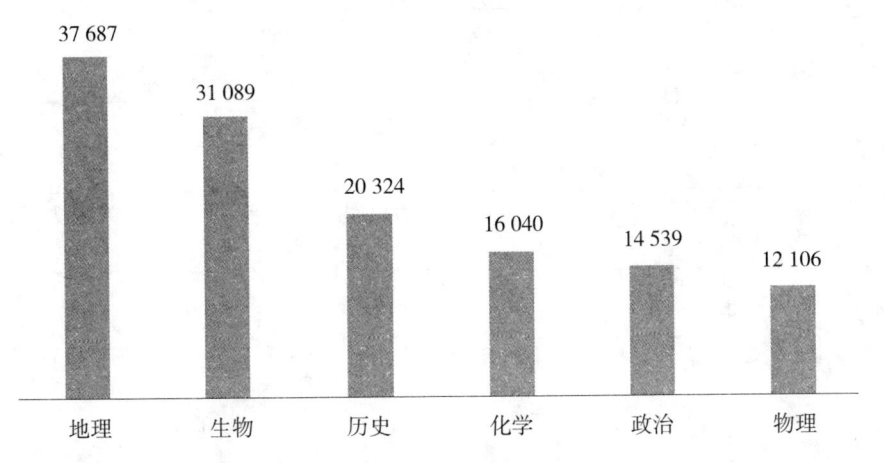

表15　上海市2019年选考科目人数统计（单位：人）

地理	生物	历史	化学	政治	物理
37 687	31 089	20 324	16 040	14 539	12 106

为了应对物理等基础学科选择人数逐年下降的现象，同时也考虑到高校培养的实际状况，江苏等第三批改革的8省市确定了"3+1+2"的选科规则。

在高校人才培养中，物理是自然科学类专业的基础性学科，历史是人文社会科学类专业的基础性学科。将这两门科目作为首选科目，有利于高校相关专业对学生的培养，也有利于学生为进入大学开展专业学习奠定扎实基础。

从最新公布的江苏、河北、重庆、湖南、湖北等地选考要求也可以看到物理必选的重要价值，近50%的专业（类）要求"仅物理"。而且，这种趋势在高水平大学中更加明显，其中"985"院校达到了62.3%。以下为统计数据：

表16 "3+1+2"模式首选科目要求为"仅物理"的专业（类）统计表

招生省份	招生总专业数（个）	"仅物理"专业数（个）	占比
江苏省	27 754	13 099	47.2%
湖南省	27 321	12 998	47.6%
湖北省	26 335	12 702	48.2%
重庆市	24 301	11 814	48.6%
河北省	30 559	15 169	49.6%

表17 "高水平大学"首选科目要求为"仅物理"专业（类）统计表（江苏省为例）

院校层次	招生数量 所有专业（类）	招生数量 "仅物理"专业（类）	占比
985工程院校	1 378	859	62.3%
世界一流大学建设院校	1 414	877	62.0%
211工程院校	4 021	2 301	57.2%
世界一流学科建设院校	4 672	2 674	57.2%

说明：世界一流大学建设院校包括了985院校，211院校包括了世界一流大学建设院校，世界一流学科建设院校包括了211院校。

（四）选科漏斗策略

在了解了选科规则和上海等地的实际选科结果后，我们应该如何决策呢？不管是35种组合、20种组合，抑或12种组合，只要我们遵循"自我认知—选科要求—学习成绩—学校特色"几个步骤逐层筛选，就可以选择出适合自己的3门组合。

1. 自我认知

选科本质上是一种决策，决策最重要的一点就是知己知彼。但在执行过程中，许多人忘记了自己最想要的是什么，自己适合的是什么，反而在得到许多信息后失去了方向。所以，第一步就是要了解自我。在选科决策中需要自我认知的维度主要包括三个方面：霍兰德职业兴趣类型、加德纳多元智能类型、MBTI性格类型，这三个维度也是中学生涯教育中强调的。

（1）霍兰德职业兴趣类型与专业（类）的关系

霍兰德把人的兴趣归纳为6种类型：实际型、研究型、艺术型、社会型、企业型、常规型，每种类型代表了一种典型的倾向，我们可以据此发现自己排序靠前的三种类型所建议的专业方向。

实际型的人愿意使用工具从事操作性工作，动手能力强，专业方向包括工学类、农学类专业，以及临床医学、针灸推拿、设计类、考古学等。研究型的人抽象思维强，擅长逻辑分析和推理，专业方向包括理学类、哲学类专业，以及基础医学、艺术学理论等偏基础研究类。艺术型的人有创造力，具有一定的艺术才能，专业方向包括艺术类、文学类专业，以及文物与博物馆学、包装工程、印刷工程、纺织工程、服装设计、城乡规划与风景园林等。社会型的人喜欢与人交往、不断结交新朋友，善言谈，专业方向包括教育学类、医学类专业，以及社会学、人力资源管理、旅游管理、劳动与社会保障、社会工作等。企业型的人追求权力、权威和物质财富，具有领导才能，专业方向包括经济学类、法学类、管理学类、政治学类等。常规型的人尊重权威和规章，喜欢按照计划办事，习惯接受指挥，专业方向包括统计学、审计学、会计学、财务管理、物流管理、行政管理、公共事业管理、图书馆学、档案学、信息资源管理、护理学、文秘等。每个类型的详细描述可查看第七章内容。

（2）加德纳多元智能与专业（类）的关系

加德纳把人的智能归纳为8种类型：言语智能、逻辑—数学智能、音乐智能、视觉—空间智能、身体—运动智能、人际智能、内省智能、自然观察智能。每种智能代表了一种发展的潜力，我们可以据此发现自己排序靠前的三种智能所建议的专业方向。

言语智能，指的是运用语言达到各种目的的能力，如辩论、说服、讲故事、写诗、作文等，专业方向包括文学类专业（包括中国语言文学类、外国语言文学类、新闻学类）。逻辑—数学智能，指的是有效地运用数字和推理的能力，专业方向包括理学、工学、经济学、哲学等。音乐智能，指的是创造曲调和节奏的能力，专业方向包括艺术学类、部分教育学专业（艺术教育、小学教育、学前教育）等。视觉—空间智能，指的是拥有很强的观察、创造、再现图片和影像的能力，专业方向包括部分工学专业（建筑学、土木工程、水利工程、测绘），部分艺术学专业（美术学、绘画、雕塑、视觉传达）等。身体—运动智能，指的是敏感于触摸、运动、自己身体状况、体育竞赛的能力，专业方向包括体育学类，部分艺术学专业（舞蹈、雕塑），工学类，农学类，医学类等。人际智能，能够与他人友好合作，知道如何体会他人的性情并作出回应，专业方向包括市场营销、人力资源管理、教育学、新闻学、法学等。内省智能，指的是了解自己的感受和情感状态的能力，专业方向包括心理学、哲学。自然观察智能，指的是能够与动植物等自然界和谐相处的能力，专业方向包括农学类，理学类（天文学、地理科学、地质学、生物科学），工学类（风景园林、地质工程、采矿工程等），考古学等。每个类型的详细描述可查看第七章内容。

（3）MBTI性格类型与专业（类）的关系

MBTI性格类型是美国心理学家迈尔斯母女提出来的一种理论。这里，我们只对与专业选择关联度较大的"ST、SF、NT、NF"进行说明。

ST的人关注事实，并能对其进行理性分析。专业方向包括经济学类、法学类、公安学类、机械类、土木类、测绘类、地质类、新闻传播类、会计学、审计学、标准化工程、建筑学、图书情报与档案管理类、临床医学、法医学等。SF的人也关注事实，但会用更有人情味的方式处理问题。专业方向包括市场营销、保险学、教育学类（特殊教育/小学教育）、体育学、运动训练、社会工作、人力资源管理、儿科学、妇幼保健医学、护理学、助产学、康复治疗学等。NF 的人更关注潜在可能而非事实，他们热情敏锐的洞察能助其准确理解他人并顺畅与人沟通。专业方向包括中国语言文学类、外国语言文学类、艺术学类、心理学类、社会学、宗教学、伦理学、精神医学等。NT 的人也关注可能性，但处事更加理性，他们的强大逻辑性和创造力能够推动理论与技术发展。专业方向包括政治学类、历史学类、数学类、化学类、物理学类、天文学类、地理科学类、大气科学类、海洋科学类、生物科学类、航空航天类、兵器类、材料类、哲学、逻辑学、基础医学类等。每个维度的详细描述可查看第七章内容。

这样一来，我们就可以依据自我认知的结果，进行交叉验证。如通过排序靠前的三个兴趣类型排除掉一部分专业，再通过多元智能排除掉一部分专业，最后通过性格排除掉一部分专业，最后对剩下的专业进行了解，定位出自己想学的专业方向。

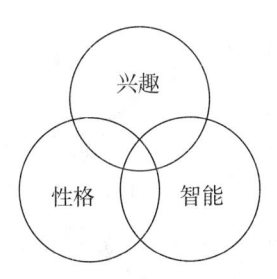

图 2　自我认知专业定位图

2. 选科要求

根据自我认知所定位出来的专业方向，查看自己所在省市公布的当年选科规则。如某同学欲学习的专业方向为心理学，则搜索意向中的几所大学对该专业的科目要求，发现物理提到次数最多，从而将物理纳入初选方案中。

3. 学习成绩

因为选考的分数按照人群排队进行赋值，所以选择的科目必须要体现自己的优势学科，即自己在 6 门学科中，哪三门是最优秀的，则将其纳入方案中。

4. 学校特色

如果经过前面三步还未能确定组合，则要把学校的特色学科作为考虑因素，原因在于既然是学校的特色学科，则说明该学科的师资配备在同类型学校中是占优势的,则我们在高二、高三学习成绩提高的可能性也是很大的。

最终,我们通过自我认知定位出适合的专业方向,由此根据意向学校的选科要求筛选科目,再结合自己的学习成绩和学校特色学科最终确定方案。

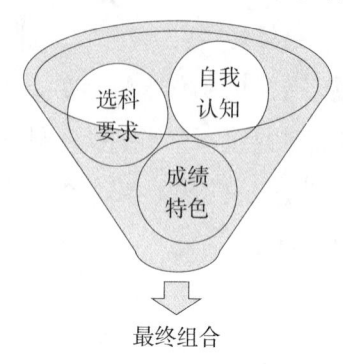

图3 选科漏斗模型

五、院校专业组

我们首先来看改革后高校的录取方式变化。14个改革省市均已确定高校录取依据全国统一高考科目成绩和普通高中学业水平考试成绩、参考学生综合素质评价档案进行,即上文提到的"两依据一参考"。上海、北京等前两批改革的6个省市不分文理录取,江苏、湖北等第三批改革的8个按照选考物理、选考历史两个类别来分列招生计划、分别划线、分别投档录取,有点类似之前的文理科。

以上海市为例,学生在填报志愿时,将把基本单位由"院校"改为"院校专业组",一个"院校专业组"为一个志愿单位。"院校专业组"由高校根据不同专业(含专业或大类)的科目要求和人才培养需要设置,是志愿填报与投档录取的基本单位。一所高校可设置一个或多个"院校专业组",每个"院校专业组"内可包含数量不等的专业,同一"院校专业组"内各专业的科目要求须相同。

改革以后,符合填报资格的学生可以填报某所高校的1个"院校专业组",也可以填报同一所高校的多个不同的"院校专业组";既可以连续填报同一所高校的不同"院校专业组",也可以间隔填报同一所高校的不同"院校专业组"。高校接收学生档案后,按"院校专业组"投档结果分别进行专业录取;当学生所填专业均已录满时,院校可依据学生填报的是否服从专业调剂情况进行调剂录取,注意专业调剂录取只能在学生所投档的院校专业组内进行,不能跨"院校专业组"进行。

【举例】参照附录9的"院校专业组"招生计划表,填报示例如下。在新志愿填报规则下,小王同学可以填报A大学三次,B大学两次,即理论上高校有几个专业组就可以填报几次,区别在于组内的专业不同;既可以连续填写,也可以间隔填写,这样可以让小王有更多的专业选择权;而在传统志愿规则下,小王同学只能将A大学填报一次,B大学也只能填报一次,专业选择余地较少。在"是否服从专业调剂"方面,建议大家服从,避免滑档风险;但也要注意,在选择服从A大学(1)的专业调剂时,则只能在该"院校专业组"内调剂,不能横跨到A大学(2)和A大学(3)调剂。

表18 新旧志愿填报对比表(仅作示例用)

		院校专业组名称	专业1	专业2	专业3	专业4	是否服从调剂
新志愿	1	A大学(1)	机械类	城乡规划	工科试验班	建筑学	是
	2	A大学(2)	临床医学	理科实验班	康复治疗学	—	是
	3	B大学(2)	金融学	管理科学	劳动与社会保障	广告学	是
	4	A大学(3)	德语	新闻传播学	人文社会科学实验班	—	是
	5	B大学(1)	法学	社会学	汉语言文学	英语	是
旧志愿		院校名称	专业1	专业2	专业3	专业4	是否服从调剂
	1	A大学	机械类	城乡规划	人文社会科学试验班	德语	是
	2	B大学	金融学	法学	管理科学	英语	是

第三章　为什么要参加综合评价招生

综合评价招生作为新高考后非常重要的一种招生方式，已经在全国大部分地区开展，尤其在上海等地，综合评价入学已经成为学生进入名校的主流方式。

一、综合评价招生的内涵

（一）综合评价招生的提出背景

综合评价的溯源，最早可从 10 年前发布的《国家中长期教育和改革规划纲要（2010—2020）》窥见一斑。纲要在涉及"高中阶段教育"时，就明确指出要全面提高普通高中学生综合素质——为学生提供更多选择，积极开展研究性学习、社区服务和社会实践，全面实施高中学业水平考试和综合素质评价。这些具体方向的提出，为后来高校实施综合评价招生绘制了蓝图。

2013 年 11 月，经党的十八届三中全会通过的《中共中央关于全面深化改革若干重大问题的决定》正式向社会发布。决定在涉及"深化教育领域综合改革"时，明确指出要推进考试招生制度改革，探索全国统考减少科目、不分文理科、外语等科目社会化考试一年多考，从根本上解决一考定终身的弊端；同时要推行初高中学业水平考试和综合素质评价，推行普通高校基于统一高考和高中学业水平考试成绩的综合评价多元录取机制。这是官方文件中首次提出"综合评价"的录取方式，也为后来的新高考改革指明了方向。

为了落实党的十八届三中全会对考试招生制度改革作出的全面部署，国务院于 2014 年 9 月发布了《关于深化考试招生制度改革的实施意见》（国发

〔2014〕35号），文件对考试内容和形式、招生录取机制、高考综合改革试点进行了具体部署，提出改革的总体目标就是"2014年启动考试招生制度改革试点，2017年全面推进，到2020年基本建立中国特色现代教育考试招生制度，形成分类考试、综合评价、多元录取的考试招生模式"，其中综合评价的多元录取机制就是基于统一高考和高中学业水平考试成绩、参考综合素质评价档案的方式。

为贯彻国务院的文件精神，教育部于2014年12月连续发布了两个细则文件——《关于普通高中学业水平考试的实施意见》（教基二〔2014〕10号）、《关于加强和改进普通高中学生综合素质评价的意见》（教基二〔2014〕11号），对完善高中学业水平考试和规范高中学生综合素质评价进行了具体部署。文件提出要转变以考试成绩为唯一标准评价学生的做法，打破分分计较，从而为高校招生录取提供重要参考。

至此，国家层面的部署完成，上海和浙江率先出台高考改革方案，北京、天津、山东、海南紧随其后，以及江苏、辽宁、河北、福建、广东、湖南、湖北、重庆第三批改革省市于2019年4月公布的落地政策，其中均涉及综合评价招生的内容。

（二）综合评价招生的内涵

综合评价招生是基于"学生高考成绩和学业水平考试成绩、参考综合素质评价档案，按一定权重比例进行折算的多元录取机制"，就是上文提到的"两依据一参考"。

高考成绩即学生的文化课总成绩。在新高考模式下，即语文、数学、外语三门统一高考成绩，加上学生选考的三门科目成绩；在未改革地区，即语文、数学、外语，加上文综或理综的总成绩。

学业水平考试成绩指合格性考试成绩，包括语文、数学、外语、物理、化学、生物、政治、历史、地理、信息10门，按照各校规则给予一定成绩，具体查看各校的招生要求。如复旦大学在上海市的分数折算规则为"合格科目分数折算为100分，不合格或无成绩科目的分数折算为0分。高中学业水平合格性考试成绩满分折算为 100 分。计算公式 = $\sum$（各科折算成绩÷10）"。

综合素质评价档案主要应用到学校特殊类型招生的自主测试中，是报名审核和专家考核的重要参考，也是学生报名时候提交的资料来源。如苏州大学 2019 年本科生招生章程中指出"高考综合改革试点省份学生综合素质档案材料在特殊类型招生中，将作为报名资格审核的参考"。

一般情况下，三者的最终成绩折算权重比为 6:3:1，即高考成绩占 60% 的权重，学校测试成绩占 30% 的权重，学业水平考试成绩占 10% 的权重。也有部分学校采用其他的比例方式。具体规则，可查看每个学校的招生简章。

二、综合评价招生的实施现状

主要从参与招生的学校数量、学校质量和计划人数三个方面分析。

（一）参与综合评价招生的高校数量

虽然高考改革启动于 2014 年，但其实浙江省最早于 2011 年就在浙江工业大学、杭州师范大学试点"三位一体"综合评价招生，2014 年浙江大学加入，至 2019 年发展到省内外 62 所高校。上海市于 2015 年开始在复旦大学、上海交通大学试点综合评价招生，至 2019 年共有 19 所市内外高校参与。江苏省于 2015 年在南京师范大学、南京信息工程大学、南京邮电大学、南京医科大学、南京中医药大学、南京工业大学、江苏大学、江苏师范大学、南通大学、扬州大学、西交利物浦大学实行综合评价招生，2017 年南京大学、东南大学加入，至 2019 年已有 23 所省内外高校参与。山东省于 2016 年开始在山东大学、中国海洋大学、中国石油大学（华东）、哈尔滨工业大学威海分校、青岛大学、山东师范大学、山东科技大学、青岛科技大学、山东财经大学等 9 所本科高校开展综合评价招生试点，2019 年共有 20 所省内外高校参与。广东省于 2016 年在中山大学、华南理工大学试点综合评价招生，2019 年共有 13 所省内外高校加入。

表19　全国综合评价招生院校数量分区域统计表（部分）

（以2019年公布的招生简章为数据来源）

地区	招生院校数	地区	招生院校数	地区	招生院校数	地区	招生院校数
浙江	62	江苏	23	山东	20	上海	19
广东	13	湖南	10	北京	9	四川	9
陕西	9	福建	8	河南	8	湖北	8
河北	7	辽宁	7	安徽	7	江西	7
天津	6	山西	6	重庆	6	云南	6
内蒙古	5	黑龙江	5	贵州	5	广西	5
吉林	4	甘肃	3	—			

去除在多地进行综合评价招生院校的重复值后，统计全国共有99所高校参与综合评价批次招生，具体名单可参考附录1。与其他特殊类型招生相比，参与高校的数量还是很多的。

（二）参与综合评价招生的高校质量

目前，衡量国内办学层次较高水平的指标主要包括985工程、211工程、双一流高校、创新型大学，以及中外合作办学高校。我们把在位列上述指标中的高校称为高水平大学，即它们的办学质量拥有较高的公众认可度。

经过对99所参与综合评价招生院校的分析梳理，我们发现共有"985"高校16所，"211"高校24所（包含16所985院校），"一流学科建设高校"32所（包含16所一流高校），"中外合作办学"高校8所，以及南方科技大学、上海科技大学两所高水平创新型大学。可见，高水平大学占比达到42%。

表20　综合评价招生院校层次类型统计表

学校名称	985工程	211工程	双一流建设 一流学校	双一流建设 一流学科	中外合作办学高校	创新型大学
北京大学	√	√	√	√		
清华大学	√	√	√	√		
北京外国语大学		√		√		

(续表)

学校名称	985工程	211工程	双一流建设 一流学校	双一流建设 一流学科	中外合作办学高校	创新型大学
中国科学院大学				√		
中国科学技术大学	√	√	√	√		
浙江大学	√	√	√	√		
复旦大学	√	√	√	√		
上海交通大学	√	√	√	√		
中南大学	√	√	√	√		
南京大学	√	√	√	√		
东南大学	√	√	√	√		
南京师范大学		√		√		
南京中医药大学				√		
南京信息工程大学				√		
南京林业大学				√		
南京邮电大学				√		
山东大学	√	√	√	√		
中国海洋大学	√	√	√	√		
中国石油大学（华东）		√		√		
同济大学	√	√	√	√		
华东师范大学	√	√	√	√		
东华大学		√		√		
华东理工大学		√		√		
上海大学		√		√		
上海外国语大学		√		√		
上海财经大学		√		√		
上海中医药大学				√		
中山大学	√	√	√	√		
华南理工大学	√	√	√	√		
东北大学	√	√	√	√		
中国美术学院				√		
宁波大学				√		

（续表）

学校名称	985工程	211工程	双一流建设		中外合作办学高校	创新型大学
			一流学校	一流学科		
上海纽约大学					√	
昆山杜克大学					√	
深圳北理莫斯科大学					√	
香港中文大学（深圳）					√	
温州肯恩大学					√	
宁波诺丁汉大学					√	
西交利物浦大学					√	
北京师范大学—香港浸会大学联合国际学院					√	
上海科技大学						√
南方科技大学						√
合计	16所	24所	16所	32所	8所	2所

注：985、211、一流高校名单均包含在32所一流学科建设高校名单中。

进一步统计发现，在上海、北京、广东、湖南、四川、陕西、福建、河南、湖北、河北、辽宁、安徽、江西、天津、山西、重庆、云南、内蒙古、黑龙江、贵州、广西、吉林、甘肃等地方参与综合评价招生的高校均为高水平大学；参与江苏省综合评价招生的23所高校有17所高水平大学，占比74%；参与山东省综合评价招生的20所高校有14所高水平大学，占比70%。

（三）参与综合评价招生的计划人数

除了参与的高校数量和质量值得期待，综合评价的招生规模也逐年递增，数据能够说明这一情况。浙江省的综评招生计划数从第一年的260人，飙涨至2019年的1万余人；上海市综评招生计划数从第一年的1 190人，涨到2019年的2 300余人，翻了近一倍；山东省综评招生计划数从第一年的754人，涨到2019年的1 500余人，也翻了一番。

从学校层面来看，2019年全国仅采用综合评价一种招生方式的院校有南方科技大学、昆山杜克大学、深圳北理莫斯科大学、上海纽约大学、上海科技大学等。复旦大学、上海交通大学两所高校面向上海生源的综合评价招生计划与普通招考相比，投放比例分别高达 94.3% 和 95.7%，而且上海交通大学某一院校专业组也仅在综合评价批次招生。2019 年上海市综合评价招生院校中新加入上海中医药大学，香港中文大学（深圳）综合评价招生 2019 年新增了江苏和福建两省。

同时，2019 年自主招生规模被严格限制，很多学校出现了初审通过人数只有几十人甚至个位数的情况，对于这些学校而言，如果想继续自主选拔学生，未来可能把计划逐渐转移到综合评价招生。这些都体现着综合评价招生计划总规模将会越来越多的趋势。我们统计了部分高校近三年来的招生计划情况，见下表：

表 21　部分高校综合评价招生计划数近三年统计表（单位：人）

面向区域	学校名称	2017 年	2018 年	2019 年	变化
山东省	山东大学	100	180	200	↑
	中国石油大学（华东）	90	90	120	↑
	山东师范大学	150	210	270	↑
	青岛科技大学	120	130	190	↑
	山东财经大学	100	120	160	↑
江苏省	南京大学	100	120	150	↑
	东南大学	100	120	150	↑
	南京中医药大学	70	102	110	↑
	南京信息工程大学	305	327	448	↑
浙江省	浙江大学	650	700	800	↑
上海市	上海交通大学	700	705	715	↑
	华东理工大学	159	164	174	↑
广东省	华南理工大学	150	150	200	↑
辽宁省	东北大学	300	320	340	↑

（四）综合评价招生的效果产出

距 2011 年首次有高校实施综合评价招生以来，已经有 8 年时间。通过该种方式进入大学的学生质量如何，后续发展如何，也是大家关心的一个话题。为了回答这个问题，我们从浙江省教育考试院公布的一组数据中得到了肯定的答案。

与普通学生相比，综合评价入学的学生整体而言，他们的适应性好，担任学生干部的居多，积极参与社会活动，综合能力很强。截至2018年，浙江工业大学已经有四届"三位一体"毕业生，他们保送研究生的比例为13.74%，全校平均值为9.94%。而从总升学率（出国留学和保送、考取研究生）来看，他们继续深造的比例为36.94%，比全校平均升学率高9个百分点。在浙江工商大学，综合评价的毕业生成绩也很喜人：这些学生虽然入学成绩略低，但进校后无论从平均学分绩点、转专业实力和修读双专业、奖学金及综合荣誉获得、入党、心理健康等指标来看，均优于普通学生。

因此，我们有理由相信，综合评价招生的效果符合了当初改革的期待，也给很多同学更多的自信，有利于日后的发展。

三、参加综合评价招生的优势

（一）裸考分数低于普通招考

这个指的是同一所高校，被综合评价招生录取的同学，其高考裸分要低于普通招考的学生。产生这一现象的原因是综合评价的录取不仅依据高考成绩，还要加入学校的考核成绩，从而稀释了文化成绩的权重，导致以较低的高考成绩进入大学。这就意味着，原来仅凭普通招考够不着的学校，现在通过综合评价招生却有进入的可能性，而且可能性还很大。

从近两年浙江省的高考录取分数来看，2018年"三位一体"综合评价学生平均分与统招生相差12分，2017年平均分相差11分。总体来说，"三位一体"综合评价学生与统招生的高考平均分差在10分左右。这个现象不仅在浙江省得到了数据验证，而且上海市的录取数据继续证明了这点，尤其在高水平大学的录取上。我们统计了2019年沪上部分名校的录取数据，"位次"

表示某分数在全市所有学生中的排名。具体如下表所示：

表22　上海市部分高校综合评价招生与普通招考投档分数对比表（单位：分）

学校	专业组	综评投档线	综评位次	普通投档线	普通位次	位次差
复旦大学	（1）	559	3787	584	1195	2592 ↓
	（2）	576	1818	583	1275	543 ↓
上海交通大学	（1）	574	1981	584	1195	1778 ↓
	（2）	565	2973	—	—	
复旦大学医学院	（1）	570	2376	579	1579	797 ↓
上海交通大学医学院	（1）	567	2713	577	1742	971 ↓
同济大学	（1）	564	3124	571	2277	847 ↓
	（2）	565	2973	568	2609	
	（3）	563	3245	—	—	636 ↓
上海财经大学	（1）	566	2834	559	3787	953 ↑
	（2）	564	3124	566	2834	290 ↓

注：
a）上海交通大学综合评价院校专业组2和该校普通批次院校专业组1趋同，故最后位次差＝综评院校专业组上交（2）－普通院校专业组上交（1）的结果。
b）同济大学综合评价院校专业组3和该校普通批次院校专业组2趋同，故最后位次差＝综评院校专业组同济（3）－普通院校专业组同济（2）的结果。

从上表中我们可以看到，除了上海财经大学院校专业组1的综评投档位次高于普通招考位次外，其余院校专业组综评投档位次均低于普通位次。差距最大的为复旦大学专业组1，投档线低了25分，位次相差2592名；差距最小的为上海财经大学专业组2，位次相差也达到了290名。

（二）面试低分逆袭概率大

上文提到，综合评价录取最终依据学生高考成绩、学校测试成绩、高中学业水平成绩三者的折算分，其中大部分学校的校测占到30%。但很多人认为最后还是按高考成绩来录取，其他都是表面文章，根本起不到多大作用。结果如大家所想的那样吗？我们还是以事实来说话。以2019年上海市部分院校专业组被综合评价录取的学生为例，我们统计了相关数据：

表23　上海市部分高校综合评价招生录取分数统计表（单位：分）

院校专业组	专业	录取最低分	面试入围线	分数差
复旦大学医学院（1）	临床医学（八年制本博连读）	574	570	+4
	临床医学（五年制）	570		0
上海交通大学（1）	法学	582	574	+8
	工业设计	576		+2
	传播学	578		+4
	汉语言文学	580		+6
	行政管理	575		+1
	广播电视编导	576		+2
	英语	574		0
	文化产业管理	574		0
	德语	575		+1
	日语	575		+1
同济大学（3）	人文科学试验班	563	563	0
	社会科学试验班	563		0

从表中可以发现，三个院校专业组合计14个专业，有10个专业的录取最低分与面试入围分相差无几，占比达到71.4%。其中有5个专业的录取最低分就是面试入围线，3个专业的录取最低分高于入围线1分，2个专业的录取最低分高于入围线2分。因此，我们可以说，只要我们认真准备面试，低分逆袭被录取的可能性是很大的。

（三）多一次录取机会

我们都知道高考后要填报志愿，才能被高校录取。目前，全国高校录取的批次设置基本可以分为本科提前批次，本科第一批次（文理），本科第二批次（文理），高职批次（含艺体类、普通类、注册入学等），其中有些省份合并了本一本二批次，有的省份不分文理。但在综合评价招生方面，基本都是在本科提前批次录取。对于学生而言，欲通过综合评价入学，填报志愿一定是在普通批次之前的。

综合评价招生

所以综合评价招生就是给了学生多一次被录取的机会。即参加综合评价招生后没有被录取，也不会影响后续普通批次志愿的填报与录取。如江苏省教育考试院就明确指出"对填报综合评价志愿且达到投档规定的考生，在本科第一批批量投档前，将先行向有关高校投档，由高校决定录取与否及所录取专业。未被录取的考生被有关高校退档后，按其高考成绩和所填平行院校志愿参加本一及随后各批次院校志愿的投档"。

由此，我们能够得出结论，参与综合评价的高校数量多、类型丰富、办学层次较高、招生计划规模也越来越大，同时又有上述三大优势，所以非常值得符合条件的学生参与。

第四章　如何参加综合评价招生

既然综合评价招生开展的效果很好，具有独特的优势。那么，报考综合评价招生需要哪些条件，哪些学生可以参加，报考的流程如何，需要提交的材料有哪些？

一、综合评价适合的对象

提到这个问题时，大部分人认为综合评价招生只适合那些获过大奖的孩子，其实与原有自主招生选拔偏才怪才的方式相比，综合评价招生采用权重比规则选拔全才。虽然二者在学校考核方面比较趋同，但二者在报考条件上还是有区别的。在说明这个问题之前，我们先来看一下部分院校 2019 年综评和自招对报名条件的要求，就一目了然了。

表 24　部分院校 2019 年自主招生与综合评价招生报考条件对比表

学校	综评报考条件	自招报考条件
北京大学	志向远大明确、有强烈的社会责任感；具有发展潜能、有强烈的好奇心；学业成绩突出、基础学业成绩原则上应位居全年级前 1% 以内（文理科类分列）	符合以下条件之一：①在高中阶段参加全国中学生学科奥林匹克竞赛（数学、物理、化学、生物学、信息学）全国决赛获得优异成绩者；②在招生专业范围内有相关学科特长、创新潜质，并在相关专业学习实践活动中取得优异成绩者
上海交通大学	综合素质优秀、品学兼优、身体健康并具有上海市 2019 年普通高等学校招生统一考试报名资格的考生	符合以下条件之一：①高中阶段获得全国中学生奥林匹克竞赛（数学、物理、化学、信息学）省赛区一等奖；②青少年科技创新大赛、"明天小小科学家"全国一等奖

（续表）

学校	综评报考条件	自招报考条件
南京大学	志存高远、品学兼优、素质全面、身心健康，在全市高考模拟考试或学校综合排名中名列前茅，且符合2019年江苏省普通高等学校招生全国统一考试报名条件的普通高中毕业生	在中国数学奥林匹克竞赛、中学生物理竞赛决赛、化学奥林匹克（初决赛）、中学生生物学竞赛、青少年信息学奥林匹克竞赛、高中数学联赛等项目中获得相应等级奖项，且分为A类和B类，不同类别要求奖项不同，可查看招生简章规定
中南大学	符合2019年普通高校统一招生考试报名条件，身体条件合格，高考文化成绩（不含优惠分，以下同）达到湖南省本科一批录取控制分数线的理科或文科考生均可报考	符合以下条件之一：①高中阶段在全国高中数学联赛、全国中学生物理竞赛、中国化学奥林匹克（初赛）、全国中学生生物学联赛、全国青少年信息学奥林匹克联赛复赛等项目中获得省级赛区一等奖；②高中阶段在中国数学奥林匹克、全国中学生物理竞赛决赛、中国化学奥林匹克（决赛）、全国中学生生物学竞赛、全国青少年信息学奥林匹克竞赛等项目中获得全国决赛一、二、三等奖

从上表能够清晰地看到，原有的自主招生的报名条件确实比较严格，几乎全部要求有学科五大竞赛的相应成绩；而综合评价的报考条件要宽松很多，没有竞赛成绩要求，只要求在校成绩和综合素养高即可报名。除了上文列出的名校报考条件是这样，那一般院校是否也如此呢，我们统计了江苏、山东、浙江三省有代表性的院校报考条件，见下表：

表25 部分普通院校2019年综合评价招生报考条件汇总表

学校	综合评价招生对象
江苏师范大学	符合以下条件之一：①高中阶段每学期期末考试成绩排名至少有4个学期均位于所在中学同年级同科类学生中前25%（四星级中学）或前10%（四星级以下中学）；②高中阶段获得全国中学生（数学、物理、化学、生物学、信息学）奥林匹克竞赛省级赛区三等奖及以上；③高中阶段获得全国青少年科技创新大赛（含全国青少年生物和环境科学实践活动）、"明天小小科学家"奖励活动、全国中小学电脑制作活动等科技类竞赛活动中获得三等奖及以上，获得国际科学与工程大奖赛或国际环境科研项目奥林匹克竞赛奖项；④高中阶段获得市级及以上优秀学生干部或者三好学生称号；⑤模范践行社会主义核心价值观，经所在中学推荐，在高中阶段思想政治品德方面有突出事迹者。

（续表）

学校	综合评价招生对象
山东科技大学	品德优良，身心健康，综合素质较高，具有创新精神和培养潜质；学生思想品德、社会实践表现良好，高中三年参加不少于10个工作日的社区服务和1周社会实践，并完成15学分研究性学习，符合以下条件之一：①高中学业水平考试科目10门全为A等；②高中学业水平考试科目6门（含）以上为A等，其余为B等（含）以上，且符合以下专项条件之一者：a.学科竞赛类：高中阶段在某一学科领域有特长并获得过省级三等奖（含）以上者；b.科技创新类：高中阶段积极参加科技创新活动并获得过省级三等奖（含）以上奖励者；c.语言文学特长类：高中阶段在语言、文学方面有兴趣和专长并获得过省级三等奖（含）以上者；d.具有突出的学科特长和创新潜质并获得过相关重要成果（须提供证明材料）。
浙江工商大学	学业水平测试各科目成绩均为D等及以上（新高考改革后往届生D等及以上，新高考改革前往届生C等及以上），综合素质评价结果均为B等及以上（新高考改革后往届生B等及以上，新高考改革前往届生P等及以上），身心健康，综合素质较高，具有创新能力和培养潜质，有一定特长的高中毕业生。并符合以下条件之一：①学业水平测试折算成绩满分为100分，其中，A等计10分，B等计5分，C、D等不计分。新高考改革前的往届生学考科目中的信息技术与通用技术计1门，成绩等第按高者计，自选综合不计分。经管类与文法类：学业水平测试折算成绩达到70分及以上；理工类与信管类：学业水平测试折算成绩达到60分及以上。②学业水平测试折算成绩未达到上述各测试类别要求，若符合以下专项条件之一者（均限高中阶段获得），在低于各测试类别所需折算成绩15分以内者，可申请报考。具体为在学科竞赛类、科技创新类、文学语言特长类、艺术特长类、体育特长类等项目中获得相应奖项。因篇幅所限不一一列出，具体可查看学校招生简章要求。

虽然第一眼看出去有很多竞赛类的要求，但仔细阅读就可以发现，这些都是条件选项之一，不是必备的要求。如只要符合江苏师范大学五类条件之一就可以报名，其他两所院校也是如此。这就是说，学生不必非得参加五大学科竞赛、科创大赛等，符合学习成绩要求和相应的规定动作（山东省的研究性学习要求与社会实践）即可。

故相比较于专项计划（户籍要求）、招飞（身体条件）等其他特殊类型招生，无论是国内顶尖名校，还是一般的普通高校，抑或是南方科技大学等创新型高校，综合评价招生无疑都是最友好的一种。

总结一下，综合评价招生适合那些在高中阶段学习成绩、社团活动、社会实践等方面均衡发展的同学。又因为平均入学分数比普通招考低10分左右的特点，也给了文化成绩离目标院校有一定距离但又想考取的同学额外的机会。

所以，只要大家在高中阶段有生涯规划的意识，在完成好学业的同时，认真做好研究性学习项目、参加丰富的社会实践活动，并提前了解适合自己的目标院校和专业，就一定能够在综合评价招生中脱颖而出。而且随着改革的逐步开展，会有更多的学校加入，将给大家更多的入学机会。

二、综合评价报考的流程

既然综合评价招生适合很多学生，那么如何参加报考呢？一般可以分为"关注—报名—初审—高考—测试—志愿—录取"几个环节，如下图所示：

一关注 ➡ 二报名 ➡ 三初审 ➡ 四高考 ➡ 五测试 ➡ 六志愿 ➡ 七录取

图4 综合评价招生报考一般流程表

（一）关注招生简章（章程）

各大高校每年发布的招生简章（章程）是综合评价招生开展的法律依据，主要包括报考条件、招生计划、专业设置、选拔程序、录取规则等内容。这是报考综合评价的第一步，也是最重要的一步，很多学生错过、初审没通过或没被录取，都是没有仔细阅读过学校简章（章程）的缘故。

一般情况下，综合评价招生简章（章程）于每年的3月中下旬至5月中旬左右公布，大家可以在该时间段关注发布情况。也有部分学校启动较早，如上海纽约大学、昆山杜克大学两所院校在春节前就完成了报名工作；也有部分学校启动较迟，如中南大学、东北大学两所院校在高考后才开始报名选拔。具体需要考生查看当年的最新规定。

（二）网上报名

1.报名网址

根据招生简章（章程）要求，符合条件的考生在规定时间内登录网上平台报名。不同学校有不同的报名平台，主要分为两类：一是在招生院校官方网站报名，二是在教育部阳光高考网特殊类型招生报名平台（https://gaokao.chsi.com.cn/zhpjbm/）。也有两所学校比较特殊：即昆山杜克大学在"美国大学本科入学在线申请系统（Common Application）"报名，东北大学要求在2019年辽宁省普通高等学校普通类本科提前批次志愿中有效填报东北大学综合评价录取志愿即完成报名。

下表是根据2019年全国综合评价招生院校简章（章程）整理的报名网址汇总表，供大家参考。这里要注意的是，报名时一定要查看当年最新的要求，切不可直接套用过往的政策，因为政策存在着变化和调整。

表26 2019年综合评价招生各大高校报考网址汇总

报名网址：阳光高考网				
清华大学	北京大学	中国科学院大学	浙江大学（除浙江外）	中国科学技术大学
复旦大学	同济大学	华东师范大学	上海财经大学	上海外国语大学
华东理工大学	东华大学	上海大学	上海中医药大学	南京大学
东南大学	南京师范大学	南京邮电大学	南京林业大学	南京工业大学
南京信息工程大学	江苏大学	扬州大学	南通大学	江苏师范大学
南京中医药大学	山东大学	中国海洋大学	中国石油大学（华东）	山东师范大学
山东财经大学	山东科技大学	青岛大学	哈尔滨工业大学（威海）	青岛科技大学
中山大学	华南理工大学	——		
报名网址：学校官方网站				
北京外国语大学	南方科技大学	上海科技大学	深圳北理莫斯科大学	上海纽约大学
上海交通大学	浙江大学（浙江省招生）	南京医科大学	西交利物浦大学	香港中文大学（深圳）
中南大学	北京师范大学—香港浸会大学联合国际学院			
此外，还包括49所仅面向浙江省进行综合评价招生的浙江省内院校				
报名网址：其他类型				
昆山杜克大学	美国大学本科入学在线申请系统 www.commonapp.org		东北大学	高考志愿填报网

2. 报名时间

基本上从招生简章（章程）发布后，就可以在相关网站报名。时间从2月底一直持续到5月中下旬。想报考上海纽约大学和昆山杜克大学的同学，1月初就截止报名；报考中南大学和东北大学的同学，在高考后报名。2019年，江苏省内高校综评报考时间集中在4月10至4月25日之间，上海市内绝大部分高校截止时间为5月15日，山东省内高校截止时间在5月20日左右，广东省内高校时间集中在4月底至5月中下旬。

下表为部分高校的报名时间，需要注意的是，在全国多个省市招生的同一所高校，报名时间存在着差异。如北京大学在浙江省综评报考时间为4月4日至4月26日，面向大部分地区报考时间则为4月2日至4月15日；西交利物浦大学在江苏省综评报考时间为4月10日至4月25日，面向广东省报考时间则为4月10日至5月15日；浙江大学在浙江省综评报考时间为5月13日至5月20日，面向上海市报考时间为4月23日至5月10日，面向山东省报考时间为发布简章之日起至5月23日前。所以一定要仔细查看在本地区招生院校的报考时间。

表27 部分高校2019年综合评价招生报名时间汇总

学校	报名时间	学校	报名时间
上海纽约大学	1月1日前	昆山杜克大学	1月3日11点前
温州肯恩大学	2月25日~4月1日	宁波诺丁汉大学	2月25日~5月8日
深圳北理莫斯科大学	3月5日~5月15日	北京师范大学—香港浸会大学联合国际学院	3月15日~5月31日
中国科学院大学	3月11日~4月20日	北京外国语大学	3月25日~4月25日
南京师范大学	4月10日~4月20日	中国科学技术大学	4月30日前
华南理工大学	4月30日~5月14日	中国海洋大学	5月21日17点前
山东师范大学	5月16日~5月22日	中南大学	6月26日~6月29日

3. 报名资料

一般情况下，报名资料包括申请表、高中阶段成绩单、自我陈述（自荐信）、各类获奖证书、参加课题研究和社会实践活动证明等。自我陈述主要阐述高中阶段考生的学科特长表现［获省级（含）以上学科竞赛奖励情况］，参与研究性学习、创新实践情况，参与社会服务、社团活动情况，获省级（含）以上个人荣誉情况，报考大学理由，对报考专业认识度和个人未来发展规划等内容。

相信大家已经看出来了，报名提交的资料与高中三年的综合素质评价档案材料高度吻合。综合素质评价档案的材料包括思想品德、学业水平、身心健康、艺术素养、社会实践，主要记录学生在党团活动、志愿者活动、高中历次重要考试成绩、艺体类获奖、研究性学习项目等方面的情况。所以，再次提醒大家，一定要重视三年的档案材料，这样在报名时就会非常轻松。

图5为学生在教育部阳光高考网特殊类型招生报名平台（综合评价）的填写界面。左侧一栏为条目，学生按照相应要求填写即可。如图中的上半部分界面为"综合信息栏"，要求填写高中期间参与过的社会活动或获奖记录，其中社会活动包括"科学研究、创新实践、志愿服务、社团活动、学校或班团学生工作"等，获奖记录包括省级（含）以上学科竞赛奖励、校级（含）以上个人荣誉，本人所具备的体育和文艺特长等。具体填写什么级别的奖项，要看报名学校的具体要求。不过有学生注意到说明中标注"如果无任何社会活动或获奖记录请跳过此步"的内容，但是如果我们查看各大院校要求提交的报名资料，就会发现你跳过此步后，基本上我们的姓名就不会出现在院校初审通过的名单中了。

当我们准备填写"社会活动"内容时，点击"下一步"就会出现如图中下半部分显示的界面。按要求填写相应内容后，点击保存即可。同样，我们准备填写"获奖记录"的时候，也按照要求填写就可以了。建议大家不要把所有奖项都填写上去，从最有质量的奖项逐次填写。注意打"★"的为必填项，否则无法保存。

综合评价招生

图5　综合评价报名界面（示例）

关于报名，最后需要提醒大家的是，我们可以同时报考多所学校，但在最终参加学校测试时，基本上只能选择一所学校参加，因为学校测试时间大多数是重合的。但我们建议大家报考的时候只要符合条件，就尽量多报考，争取获得更多的初审合格机会，最终在选择测试学校时，再确定其中一所即可。

（三）学校初审

当我们按照要求在相应平台完成报名后，学校将会组织专家对考生提交材料进行初审，结果会在 5 月中下旬至 6 月初陆续公布，初审结果为"通过"的考生获得学校测试资格，大家可以通过报名系统或学校官网查看审核结果。

2019 年，综合评价招生的初审通过人数还是非常可观的，几乎都在千人以上规模。下表为统计的部分高校初审通过人数情况：通过表的左侧能够明显看出，同时具备两种招生方式资格的学校，综合评价通过的人数至少是原有自主招生的两倍，而南京师范大学竟然接近 200 倍；表的右侧部分为江苏省部分高校初审通过情况（因不具备自主招生资格故未列入统计），南京信息工程大学通过人数最多，达到 6 000 人以上，最少的也有 1 389 人，极为可观。可见，综合评价招生越来越得到大家的青睐。

表 28　部分高校 2019 年综合评价招生初审通过人数统计表（单位：人）

学校	初审通过人数 综合评价	初审通过人数 原自主招生	学校	综合评价初审通过人数
同济大学	9 083	904	南京信息工程大学	6 620
山东大学	5 109	276	南京工业大学	3 389
东南大学	4 542	193	南通大学	2 675
南京师范大学	1 988	10	南京邮电大学	2 272
中南大学	1 572	59	扬州大学	1 824
南京大学	1 462	623	南京医科大学	1 673
华南理工大学	1 001	262	江苏师范大学	1 495
中国海洋大学	471	22	南京中医药大学	1 389

初审的重点在于学生递交的资料是否符合规范和报考条件、材料是否齐全等。如申请表是否加盖了学校公章、是否有本人签字，自我陈述报告是否达到字数要求，获奖证明是否符合报考规定等。很多考生未通过初审，初审材料准备不合格应是一个重要原因。有些同学听说可以同时报考多所学校，居然连报考学校的抬头都没更改，直接复制第一所学校信息，粘贴到其他学

校报名资料中，这种低级错误一定要避免。

（四）参加高考

因为高考总成绩在综合评价招生中占据的权重是最大的，从2019年的情况来看，至少达到50%的权重占比，所以通过初审的考生，要认真复习备考，力争在高考中获得理想的成绩，为综合评价入学增添砝码。

很多同学看到自己初审通过觉得可以松口气了，甚至认为一只脚已经踏进了学校的大门，大家千万要警惕这种状态的出现，要知道初审通过仅仅表明我们有资格参与学校测试，而接下来的高考则是我们奋斗的重要战场，也是决定我们能否被录取的指标之一。如同济大学2019年初审通过人数9 083人，最终录取240人，占比仅有2.6%，当然这里有很多初审通过没来参加学校测试的同学，但即使把他们剔除，录取比例也还是较低的。

（五）参加学校测试

高考结束后，学校开始启动包括"笔试+面试"在内的自主测试。此外，有的学校会采用"校园开放日活动"考查学生，其实这也是一种广义上的"面试"，如上海纽约大学、上海科技大学等。有的学校采用"机试+面试"的方式，如南方科技大学的本科招生，其实"机试"也是笔试形式的一种；有的学校还会加入体质测试的项目，如浙江大学2019年在山东省、广东省的综合评价招生，明确指出"所有参加校园体验营的考生均须参加体质测试，测试结果将作为综合评价资格认定的重要参考。无故不参加体质测试的考生，不予资格认定"。

1. 笔试（机试）

不同学校笔试的考查范围和内容存在着明显差异，具体要查看报考学校的要求。总体来讲，笔试科目难度高于高考：数理化难度与竞赛类的初赛相当，文科类注重积累，要求广度。如2019年的北大博雅笔试，物理部分的计算题都是经典竞赛题，甚至涉及波动光学等内容，没学过的只能望洋兴叹了；浙江大学2019年的英语考试词汇量很大，涉及很多生僻的不常用的高级词汇，平时没有积累的也基本无从下笔。

所以参加过笔试的同学，纷纷表示难度大，很多题目看不懂。不过也有学校提出如果学生在初审中的结果为"优秀"，则可以免于笔试，直接进入复试，如清华大学的领军计划，再次凸显出综合素质评价材料的重要价值。

2019年，综合评价招生选拔中有笔试环节的学校包括北京大学、清华大学、浙江大学、中国科学技术大学、中国科学院大学、南方科技大学、东南大学、山东大学、山东财经大学、香港中文大学（深圳）、温州肯恩大学、西交利物浦大学、北京师范大学—香港浸会大学联合国际学院等。因每所学校在不同地区的招生要求不一，且每年可能存在调整，建议大家查阅高校在本地区的最新招生简章。

2. 面试

不管选拔中是否有笔试（机试），面试是所有院校招生的必备环节。形式主要包括一对一、多对一、多对多、无领导小组讨论等，考查重点包括但不限于学生的人文素养、课题研究、专业背景、报考动机、生涯发展、时事热点等。面试结束后，专家根据学生的表现，进行打分。每个学校的打分规则也有所不同，如复旦大学的计算规则为"专家独立评判打分，对每位考生排序，面试成绩 = $\sum [（31-每位专家排名）\times 2]$"。

从学校的面试真题来看，内容涵盖广泛，甚至有些类似脑筋急转弯，故强调学生的积累和临场反应能力。如果高中阶段仅仅只关注成绩，那么面试中很有可能会被淘汰而注重各方面全面发展的同学，则拿到高分的可能性很大。

上文提到我们可以报考多所学校，但参加测试时基本只能选择其中一所。全国多所学校测试时间几乎集中在6月中旬，尤其是15日至17日这三天，根本来不及赶场。下表为统计的部分学校测试时间表：

表29　部分高校2019年综合评价招生学校测试时间汇总表

学校	学校测试时间	学校	学校测试时间
南京大学	2019年6月16日	北京外国语大学	2019年6月16日
东南大学		华南理工大学	
南京师范大学		青岛大学	

（续表）

学校	学校测试时间	学校	学校测试时间
南京医科大学	2019年6月16日	青岛科技大学	2019年6月16日
南京林业大学		山东科技大学	
南京邮电大学		中国石油大学（华东）	
南京工业大学		扬州大学	2019年6月15日~6月16日
南京信息工程大学		南京中医药大学	
江苏师范大学		中国海洋大学	
江苏大学		中山大学	2019年6月16日~6月17日
南通大学		山东大学	
北师大—香港浸会大学联合国际学院		山东财经大学	

（六）填报志愿

学校测试结束后，根据考生的测试成绩，按照不超过招生计划数的倍数公布入围学生名单。如南京大学分别按照不超过文、理科类计划总数的 3 倍择优确定入选考生名单，即南大 2019 年理科招生计划为 120 人，则公布入围名单人数为 360 人；山东大学按照不超过招生计划数 4 倍的比例确定入围学生名单，即山大 2019 年招生计划为 200 人，则公布入围名单人数为 800 人。具体倍数每个学校存在差异，详情可查看招生院校的最新简章。

在入围名单内的同学待高考成绩公布后，符合学校相应要求，才能填报相应批次志愿。如南京大学 2019 年规定"考生高考成绩须达到 2019 年江苏省普通本科第一批次录取控制分数线，且两门选修科目等级最低要求为 AA"；山东大学 2019 年规定"报考 A 类专业的考生投档成绩须达到山东省文科前 5 000 名，报考 B 类专业的考生投档成绩须达到山东省理科前 15 000 名，报考 C 类专业的考生投档成绩不低于自主招生最低录取控制线"。

考生填报综合评价招生的志愿批次基本上都在本科提前批次，具体按照各地教育考试院的志愿填报规则进行即可。如江苏省综合评价招生分为 A 类和 B 类，A 类院校由考生直接与高校确认其是否填报综合评价录取志愿，B 类院校填报"综合评价录取"志愿栏。

（七）录取

每个省（市）教育考试院会把符合成绩要求且填报综合评价批次志愿的同学投档到每所学校，由学校根据高考成绩、学校测试成绩和高中学业水平考试成绩，经折合换算按比例合成综合成绩，并从高到低择优录取。若考生综合成绩相同，则按招生简章同分比较规则进行。被综合评价录取的考生不再参加后续批次的录取，若没被录取则不影响后续批次录取。

综合成绩的折合换算规则不同院校存在差异，但基本构成都是"两依据一参考"，不同点在于三者权重比例构成、学业水平考试成绩的计算、学校测试成绩构成等方面。具体可以查看学校的招生简章。

1. 权重比例构成

目前，主流的权重占比方式为 6∶3∶1，即高考成绩占 60%，学校测试成绩占 30%，学业水平考试成绩占 10%，但也有其他构成比方式。此外，清华领军和北大博雅面向大部分地区招生采取的是降分优惠方式；江苏省大部分 B 类综合评价高校还会加入综合素质评价（学习能力＋运动与健康＋审美与表现）折算分、获奖情况加分等，具体查看各院校的招生简章。下表为部分高校权重比例构成情况：

表30 部分高校2019年综合评价招生"综合成绩"折算权重比例统计表

学校	方式		
	高考成绩	学校测试成绩	学业水平考试成绩
复旦大学、上海交通大学、同济大学、华东师范大学、华东理工大学、上海外国语大学、上海财经大学、东华大学、上海大学、上海中医药大学、中国科学院大学、浙江大学、宁波诺丁汉大学、南京大学、东南大学、山东大学、中国石油大学（华东）、山东师范大学、山东科技大学、山东财经大学、青岛科技大学、青岛大学、中山大学、华南理工大学、香港中文大学（深圳）、南方科技大学、深圳北理莫斯科大学、北京师范大学—香港浸会大学联合国际学院	60%	30%	10%

(续表)

学校	方式		
	高考成绩	学校测试成绩	学业水平考试成绩
中国科学技术大学、中国海洋大学、昆山杜克大学、温州肯恩大学	50%	40%	10%
哈尔滨工业大学（威海）	70%	20%	10%
浙江大学（面向山东招生）	80%	10%	10%
北京外国语大学	70%	30%	——

2. 学校测试成绩构成

院校的考核成绩一般由"笔试+面试"构成，没有笔试环节，则为面试成绩。如东南大学的测试成绩由学科能力测试成绩、综合素质测试成绩两部分组成，其中学科能力测试为笔试（折算成满分100分）×20%，综合素质测试为面试（折算成满分100分）×10%。

3. 学业水平考试成绩计算

不同院校学业水平考试成绩计算的规则也不同，详情可查看院校招生简章。如上海市高校主要是指高中学业水平合格性考试成绩，折算语文、数学、外语、政治、历史、地理、物理、化学、生物、信息科技如下10门学科，合格科目的分数折算为10分，不合格或无成绩科目的分数折算为0分，满分折算为100分。江苏省高校主要指选测科目等级折算分数，不同院校规则也不同：如东南大学A+得50分，A得30分，其余不得分；南京邮电大学每一个A+等级折算为50分、A等级折算为40分、B+等级折算为30分、B等级折算为20分。满分100分。山东省高校主要指高中会考成绩，如中国海洋大学规定全部科目为A等者计100分，每减少一个A，减去10分。

不过要指出的是，并非所有院校的报考流程都是如此。如下图所示的最上方顺序"报名—初审—高考—志愿—测试—录取"，显示的是上海市综合评价招生流程，即考生待高考出分后先填报志愿，再依据高考投档成绩、填报志愿情况，按照一定比例确定入围面试考生名单；最下方顺序"报名—初审—测试—高考—志愿—录取"，显示的是浙江省属大部分学校的招生流程，即在高考之前参加学校测试；中间的顺序"报名—初审—高考—测试—志愿—录取"，则是江苏、山东、广东等地院校采取的流程，即考生在高考出分前先参加学校测试，然后确定入选后待高考成绩出来再填报志愿。所以，大家一定要查看招生院校的具体规定。

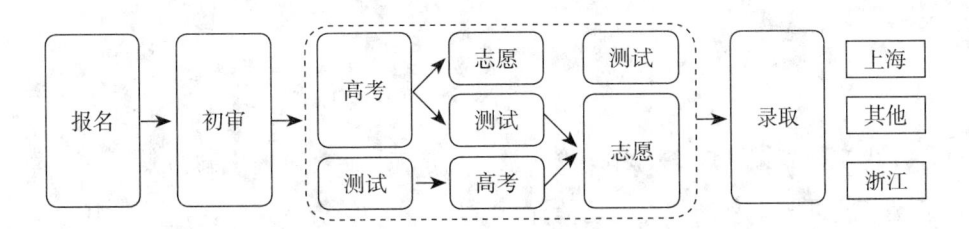

```
报名 → 初审 → ┌─────────────────────────┐ → 录取    上海
              │  高考 → 志愿   测试      │          其他
              │       → 测试 → 志愿      │          浙江
              │  测试 → 高考             │
              └─────────────────────────┘
```

图 6　不同省市院校 2019 年综合评价报考流程示意图

第五章 综合评价招生的重要材料

上文提到过，提交综合评价的报名材料包括自我陈述、学习成绩单、体艺类获奖证明、参加各类活动情况、研究性学习情况等，而这也是高中三年综合素质评价档案的基本内容。从实际准备的内容来看，学习成绩、各类获奖情况、党团活动和志愿者活动等情况基本由学校或第三方录入，而自我陈述（自荐信）、研究性学习课题报告等是需要学生自行填写的部分，而且从高考改革省份的实施经验来看，综合评价招生面试中大部分同学都会被问到这两个方面的内容。

一、自我陈述材料

自我陈述，又称为自荐信或自我介绍，重点考查学生对自我的客观认识与评价，对未来的生涯规划等。故一份优秀的自我陈述材料，就需要学生对自我有较为充分的认知和了解，并树立相对清晰的专业志向，体现主动发展的意识。

（一）自我陈述的重点

从高校面试的实际结果来看，我们写在自我陈述里的每一句话都有可能成为考官现场提问的话题，从而引发追问。如提到"我是内向的人"，被问"你觉得内向好还是外向好"；提到"我的未来规划时"，被问"计划赶不上变化怎么办"等诸如此类的问题。所以，在撰写自我陈述的时候，要有重点和避免一些"坑"。一般来讲，自我陈述包含学生本人的个性特点、专业志向、参加活动、研究课题等方面的内容，写作要点如下：

1. 兴趣爱好：内容真实，避免吹嘘

在撰写该部分内容时，很多同学为了突出自己而夸大事实，甚至会违反常识，这些只会给考官留下不好的印象。如一位同学这样写道："我从小就很喜欢学习历史，记得初中时，一个月不到的时间我就读完了《二十四史》；此外，我还很喜欢弹钢琴，两个月不到就考取了九级证书……"这类明显不符合事实的内容，考官很容易判断出真假。

要点：我们只要将自己做过的事情真实地表达出来就可以，不必追求宏伟壮丽。如一位同学在高中阶段参与过微视频的拍摄，他在材料中写道："我很喜欢摄像，从镜头中看世界有一种特别的感觉，所以和同学一起拍摄了一部关于'夕阳'主题的微视频，感觉特别棒！"这一下子就抓住了考官的注意力，因为他报考的方向就是广播电视编导，考官就这个问题和他探讨了很久，如怎么拍的、具体做了哪些事情、遇到的困难是什么等。

2. 学校专业：联系实际，避免空谈

撰写该部分内容时，我们经常看到考生直接复制大学官网的介绍，毫无新意。如某位报考复旦大学的同学写道："复旦大学校名撷取自《尚书大传·虞夏传》'卿云烂兮，糺缦缦兮；日月光华，旦复旦兮'两句中的'复旦'二字，本义是追求光明，寓含自主办学、复兴中华之意。马相伯、严复等先后担任校长，到抗战爆发前，复旦就已经发展成为一所以培养商科、经济、新闻、教育、土木等应用型人才闻名的、有特色的私立大学，形成了从中学到研究院的完整的办学体系。"估计考官内心是崩溃的，除了众所周知的原因，就没有其他有立意的角度吗？

要点：我们在写作理由时，突出与你个人的联系即可。可以从两方面考虑：①重要他人的影响，如家里的祖辈父辈或亲戚是该校毕业的、曾经钦佩的老师来自这所学校、喜欢的名人曾经在这里学习过等，因为他们对你的精神影响，所以你立志要报考；②重大事件的影响，所以要立志报考。如报考南京信息工程大学的一位同学写道："我的家乡在沿海地区，每到夏天就会受到台风的影响，当时就对台风的产生有了好奇；到了高中，地理又是我最喜欢的一门课，和地理老师的交流让我更加坚定了要学习大气科学的决心。南信在大气科学领域的影响力首屈一指，我希望可以在这里学到更多的本领，为气象科学发展贡献自己的力量。"这段文字把为什么要报考南信大气科学专业的理由阐述得淋漓尽致，无形中给考官留下了良好的第一印象。

3. 实践活动：体现收获，避免堆砌

撰写该部分内容时，有些同学洋洋洒洒写了很多自己参加过的活动，有时为了凑字数竟然把看到过但没参加过的活动也放进来。这样的风险是很大的，一旦考官询问自己没参加过的活动，此时的你该如何应对？如一位同学这样写道："中学期间，我的爱好十分广泛，积极参加了各种社团活动，如演讲比赛、航模大赛、数学建模比赛、作文大赛……此外，还积极参加民族舞、拉丁舞培训，书法和水墨画培训及比赛，获得了多个奖项。"这么多的活动堆砌在这里，除了看出你精力旺盛外，好像也看不出其他内容。

要点：活动不在多而在精，哪怕只写一个都是可以的。如某位同学写道："高中时，我参加了图书馆的志愿者服务工作。之前一直觉得他们的工作很轻松，但经过一个星期的体验，发现从图书借还、归类整理、残损修补等方面有非常多的事情要做，我也养成了细心、耐心的良好习惯。同时也懂得了任何看似简单工作的背后，都是刻苦努力的结果。"他把自己参加志愿者活动的收获和成长很好地体现了出来，这才是考官想看到的。

获奖情况的撰写与此要点类似，不要堆砌所有奖项。若获奖较多，可以挑选层次和认可度较高的；若没有高级别的奖项，可以呈现与报考专业（类）一致的即可。

4. 课题报告：提炼要点，避免冗长

撰写该部分内容时，很多同学会直接把课题报告或论文的大部分内容写出来，殊不知在档案和报考时会有专门的地方让大家呈现这些内容。所以在自我陈述中涉及该部分内容时，只需把选题的缘由、使用的方法、研究的结果简要概括出来即可。

如一位同学写道："我发现新高考改革后，'生涯'是身边人都会讨论的问题，所以我萌生了在同学中间进行调研的想法，即思考大家对'生涯'和'新高考'关系的认知和准备。在搜集资料过后，我决定用问卷法进行研究，最终形成了《新高考下的高中生生涯准备度研究》论文。"短短的一段话，就把高中阶段完成的研究性学习描述得很清楚，考官看后一目了然，感兴趣的话会详细查看研究报告内容。

　　上述四点在写作时，并不是每个部分都要呈现出来，也不是每个部分的内容都要平均用力。整体上要详略得当，突出的部分可以多写，没有的部分或欠缺的部分可以不写。但也要注意，自我陈述不能只写某一个方面，要综合立体地展现自己。

　　其实，只要我们按照综合素质评价档案中对自我陈述的写作要求，认真梳理自己的经历，把它们真实地呈现出来，若还能与报考的专业（类）方向一致，就会是非常好的材料。

（二）优势思维陈述个人特质

　　自我陈述材料中可以涉及的内容包括个人特质、学校专业、课题研究、实践活动、获奖情况等。其中大部分同学在个人特质部分的写作千篇一律，没有给考官留下深刻的印象。那么，如何写出一份基于自身实际情况而又出彩的个人特征介绍呢？这里介绍 VIA 个人优势特质。

　　VIA 优势是基于积极心理学的研究成果，聚焦表现最佳的个性品质。下面我们以其中 6 项优势为例，列举个性特质的写作。欲了解所有 24 项优势说明，可以直接查阅第七章内容。

表 31　VIA 个人优势特质

1	欣赏美与卓越：对优秀的人、事、物感到敬畏，并以此驱动自己进步 　　我对优秀的人、事、物总是感到敬畏，并以此驱动自己进步。我是一个摄影爱好者，除了本身就享受发现身边的美好的事物过程以外，我非常敬畏那些追求细节和完美的摄影师大家，我会收集和学习他们的作品集，也花时间学习最新的摄影技巧、设备，在自己喜欢的兴趣爱好上不断精进。
2	感恩：及时直接地表达感谢，让自己总是处于积极状态 　　我总是及时直接地表达感谢，让自己总是处于积极状态，这让我的人际关系也比较融洽。我××学科之前并不突出，但是我会主动寻求帮助，同时在获得老师和同学的帮助时，我总是心怀感恩，也会及时表达自己的谢意，所以学习期间受益于这些支持，我学习进步得比较快，也让我到不同环境都不会孤单。

(续表)

3	勇敢：面对不确定性时，克服恐惧与反对
	我是一个面对不确定性不会退缩的人。相反，战胜恐惧的动力会让我敢于迎接挑战。去年的科创课，我之前没有任何参加类似课程的经验，而且期末还需要提交作品参加评选，我们组没有人想担任组长，我就干脆地答应了。虽然很多不懂的要学，我还是坚持下来，带着小组完成了作品，还入围了学校的复赛。
4	坚毅：确定目标，以此驱动自己坚持下去
	我是个坚毅的人，做事情总会坚持到底，达到当初设定的结果。高二春节期间，和三位同学约好一起跑步，每天打卡。为此，不经常跑步的我，开始搜索一些知识学习，并风雨无阻坚持每天跑步，居然在第12天的时候独自完成了一次半程马拉松，完全超出了自己的期待。
5	自我控制：在不同情况下控制自己的情绪和冲动行为
	我是个自控力很强的人。高一升高二的暑假，为了完成研究性报告的写作，我给自己制订了严格的计划，每天到图书馆固定写作，遇到困难寻求指导老师的帮助，当中还拒绝了同学一起出游的诱惑，最终完成的报告受到了老师的夸奖。
6	喜爱学习：主导自己的学习过程与扩展自己的知识面
	我很喜欢学习，记得高三时需要用2个月时间通过英文口试，我便自主制订学习计划：除了常规学习外，还找到了多部推荐电影每天坚持练习，并且还找了外教练习，同时对语法问题看得很细。结果非常轻松地通过考试，而且英语成了我比较擅长的第二语言。

　　以上就是部分优势在自我陈述报告领域的应用，相比较千篇一律的写法，或不知道如何下笔的同学而言，是一个非常好的切入点。大家可以通过专业测评来了解自己的突出优势，并结合自己的成长经历，用优势语言展现独特的自我。

二、研究性学习课题

　　研究性学习是在教师指导下，学生从学习和生活中选择研究专题，用科学研究的方法来主动地获取知识、应用知识、解决问题的活动，其本质就是让学生亲历知识产生与形成的过程。当下的高中教育更多还是采用接受式学习法，为了培养大家主动的学习意识，高中生通过研究性学习提前进行探索性的学习任务，是高校考核中非常在意的。而高中阶段的研究性学习，就如同大学里的科研课题，有选题、开题、研究与结题等步骤，最终形成一份课题报告或论文，作为研究的结束。

上海市还专门开发了高中生研究性学习课题第三方认证平台（骑月网），致力于为中小学生的研究性学习开展及综合实践活动提供具有权威性的第三方专业评估服务。骑月网是官方认可的研究性学习认证平台，学生在完成课题材料上传和在线视频答辩后，将获得《课题认证报告》。学生可以自主选择是否将《课题认证报告》上传到高中生综合素质评价平台，作为"创新精神与实践能力"板块"研究性学习"评价的第三方认证材料，提交给高校在综合评价录取过程中进行信息参考。

图7　上海市中小学生研究性学习第三方认证平台

（一）研究性课题的价值

不知道大家注意到没有，部分高校在综合评价招生的报考条件中提到"科技创新类"获奖情况，如果学生不符合学科竞赛、学习成绩要求或品德优秀类指标，可以通过该类方式获得报名条件。目前，"科技创新类"活动主要有全国青少年科技创新大赛、"明天小小科学家"奖励活动、全国中小学电脑制作活动、国际科学与工程大奖赛、国际环境科研项目奥林匹克竞赛等。

表32　部分高校认可的"科技创新类"活动获奖情况统计

学校	符合综合评价报名资格的科技创新类竞赛奖项要求
哈尔滨工业大学（威海）	鼓励在全国青少年科技创新大赛中获省级一等奖（含）以上，或在"明天小小科学家"奖励活动、全国中小学电脑制作活动中获一、二等奖者，在国际科学与工程大奖赛或国际环境科研项目奥林匹克竞赛中的获奖者积极报考
南京邮电大学	高中阶段在全国青少年科技创新大赛、中小学电脑制作活动中获省级一等奖（含）以上；在"明天小小科学家"奖励活动中获国家三等奖（含）以上
扬州大学	高中阶段在全国青少年科技创新大赛、"明天小小科学家"奖励活动、全国中小学电脑制作活动等竞赛中获得省级三等奖（含）以上
青岛大学	高中阶段以第一作者在全国青少年科技创新大赛，或全国中小学电脑制作活动中，或在"明天小小科学家"活动中获全国三等奖及以上

既然"科技创新类"获奖情况作为高校认可的报考条件之一，那么研究性课题与它们之间有什么关系呢？答案就是高中阶段的研究性学习专题报告优秀成果，可以申请参加此类活动的评比，获得相应奖项后不仅可以获得报名资格，而且还可以引起考官的关注，增加录取的概率。以全国青少年科技创新大赛（以下简称"科创大赛"）为例，竞赛分为国家级竞赛和地方竞赛，地方竞赛包括省级及省级以下的竞赛活动。大家要先参加各地方组织的竞赛，获得地方竞赛的优秀项目就能取得参加全国大赛的资格。

以科创大赛中的"青少年科技创新成果竞赛"为例，中小学生可以参加包括物理与天文学、动物学、微生物学、生物医学、计算机科学、能源科学、数学、化学、植物学、生物化学分子生物学、环境科学与工程、工程学、行为和社会科学等在内的13个类别。其申报书要求学生对研究目的、方法、结果展开论述，体现创新性、科学性和实用性。同时强调课题的真实性，要求课题必须是作者本人提出、选择或发现的，主要论点论据必须是作者通过观察、考察、实验等研究手段亲自获得的，项目研究报告必须是作者本人撰写的。这些规则都与高中研究性项目的开展要求一致，我们若能认真对待研究性学习，就有很大机会在该类竞赛中获奖。全国大赛一般于每年7—8月份举办，2019年第34届全国青少年科技创新大赛已于7月26日在澳门闭幕；地方竞赛一般于每年 3—4 月份举办，建议大家于每年年初关注各地方发布的大赛举办通知。

（二）研究性课题的选题

虽然研究性课题属于科学研究的范畴，但对高中阶段的学生而言，课题的研究范围相对比较简单，目的是培养科学思维和严谨的方法。

1. 高中研究性课题的分类

一般来讲，我们可以把高中阶段的课题分为文科和理科两大类。文科即人文社科领域的研究，包括人文历史与社会现象两个部分；理科即自然科学领域的研究，包括基础研究与动手操作两个部分。其中，人文历史与基础研究同偏理论研究，社会现象与动手操作同偏实践研究。

人文历史类课题研究，指的是围绕人文作品和历史记录，运用历史研究、文学研究等方法对文史哲领域话题进行探究，并获得相应的结论。如研究历史上的著名人物、小说作品研究、语言类研究等。社会现象类课题研究，指的是围绕身边经常发生的社会现象进行调查研究，从而发现其产生的原因和存在的问题，并对此提出自己的建议和看法。如醉酒驾驶、乱闯红灯、高铁占座、环境保护、教育现象等。

基础研究类课题，指的是运用特定的研究方法和科学原理，对自然现象或某个结论进行验证，如数学、物理、化学、生物、地理等领域感兴趣的点进行的研究。动作操作类课题研究，指的是通过制作、编程、设计等方式制造有实用价值、能够满足特定需求的软硬件物品或蓝图。如机器人美术设计作品、完成汽车避障雷达软件设计等。

表 33　不同课题类别的选题举例

课题类别	选题示例
历史人文	●《西游记》《水浒传》人物描写手法对比研究 ● 翻译过程中的"good"研究
社会现象	● 商场打折对顾客消费的影响研究 ● 宠物对上海中老年人生活的影响研究

（续表）

课题类别	选题示例
基础研究	● 酶解法对果蔬汁的加工及在中药熬制方面的应用 ● 光传感器在生活中的应用和发展趋势研究
动手操作	● 校园照明系统的优化设计 ● 基于 arduino 的避障小车研究

2. 确定选题的三大原则

（1）避免随意选题，要与目标专业（类）匹配

在确定选题的时候，要把方向与未来大学的专业方向相联系，即欲报考的综评专业要与研究性课题最好匹配，因为综评面试中，面试官会比较关注这方面。

表 34　不同专业（类）对应选题结果示例表

欲申请的入学专业（类）	获奖类课题
哲学类、教育学类	今天我们如何面对死亡——关于我校学生进行死亡教育的调查与实践研究
法学类、政治学类	反腐倡廉背景下的高中生对公务员的认知
经济学类、社会学类	徘徊在新时代的商人——高中生从事"微商"的影响研究
教育学类、心理学类	教育综合改革后上海市高中学生职业规划的发展情况调研与分析
文学类、外国语言文学类	基于 GLR 算法的英语个性化学习软件的实现——以完形填空为例
历史学类、文学类	中国古代历史与古诗文学习相结合的探索研究——以唐宋历史与古诗文为例
理学类、化学类	锂离子电池聚合物基固态电解质的制备与研究
工科类、机械类、车辆工程	电动汽车车载充电机监控模块的设计与研究
农学类、动物生产类	苏州河大型底栖动物的物种组成与变化
医学类、中医学类	中药白花丹给药方式的优化——白花丹素按摩油的研制
管理学类、社会学类	共享单车管理中的"你我他"——共享单车管理思路初探
艺术学类、计算机类、美术学类	AI 对绘画模式的影响的研究

（2）避免宏大叙事，角度要小而具体

选题的主题不宜过大以免难以驾驭，这点我们从上表中的获奖课题举例

中已经可以看到。12个课题中,有6个加入了副标题,其余6个中均明确指出了研究的具体对象,让读者一目了然。很多课题若不聚焦,第一眼看上去感觉可以写一本书。如"徘徊在新时代的商人",太过于宏大,那么可以采用限定语的方式进行聚焦,所以成了我们现在看到的题目。

表35　选题聚焦前后对比示例表

调整前	调整后
医患关系研究	医患关系研究——以三甲医院的医务人员视角
《西游记》人物形象研究	孙悟空人物形象研究
课业负担现象研究	高一新生课业负担研究
失眠现象研究	高三学生失眠治疗方法研究

（3）避免主观界定,保持客观

在实际选题中,我们还能看到这样一类题目,似乎作者还没有进行研究,就加入了自己的主观判断,甚至已经得出了结论。对于研究性课题,哪怕我们对可能的结果存在猜想或有一定的倾向,也要保持公正客观的第三方视角。如"学生学习动力不足的原因分析""农村人审美情趣低下状况调查"等,我们可以结合上面的第二个原则,将其调整为"高中生学习动力现状调查研究——以★校为例""我国农村地区人民审美情趣状况调查研究——以★乡为例"。

在遵守以上三个规则的前提下,再从自己熟悉的领域进行抉择,这样基本不会出问题,也为后面的研究开展打下了良好的基础。

（三）研究性课题的开展

1. 不同类别课题的开展方法

当选题确定后,就要进行实际的调查研究了。一般来讲,人文历史类课题的研究以考据和资料分析为主,社会现象类课题的研究以人物访谈和问卷调研为主,基础研究类课题以实验和推理论证为主,动手操作类课题研究以实操和解决方案为主。

（1）人文历史类的课题开展

需要我们大量的阅读和记录工作，包括查阅原著原文、参考批注评论、搜集不同版本的作品进行对比、历史档案资料查询等。所以，文献资料显得尤为重要。

目前，国内主流文献资料的查找来源包括：①专业期刊数据库，如中国知网、万方数据库、维普数据库、中国人民大学书报资料中心等；②专业信息库，如国务院发展研究中心信息网、中国经济信息网、中国资讯行数据库等；③二次文献库，如中国科学引文索引、中国社会科学引文索引、全国报刊索引数据库等。

（2）社会现象类的课题开展

一般通过问卷调查、人物走访等手段了解某个社会现象的情况，并依据结果进行分析推断。如某学生想学法医专业，便以"法医"方向作为选题，确定的题目为"高中家长对法医专业的态度调查分析"，然后对研究进行细化，提出调研的重点——不同背景的人群在选择法医专业和选择理由上是否有不同，不同主观认知的人群在选择法医作为专业和选择理由上是否存在差异，对法医的主观认知和态度会受何种因素的影响，不同程度的认知与态度最终是否会影响对法医专业的选择等。然后接下来就要对目标人群发放问卷，确定有效无效问卷的标准，注意不同渠道回收方式的整合，并完成整理工作。最后进行数据分析，图表是必须有的，便于比较发现规律，形成结论。

此外，若采用人物访谈的方式，需要注意礼节，一定要提前预约，并完成相应准备工作，在征得访谈对象同意的前提下，可以携带录音设备。要善于在交流中随时追问，获取更多准备问题之外的信息。

（3）基础研究类的课题开展

一般遵循"观察（发现一个自然现象）—假设—实验—得出结论"等步骤。该类课题有一个前提就是提出的假设能被实验或推理论证，并有一定的知识作为基础。

如某生发现生洋葱的味道辛辣，而熟洋葱的味道偏甜，同样是一个品类，为什么煮熟前后有如此的不同。于是，他做了三种假设：①洋葱粒含有淀粉，加热过程中淀粉会转化为糖；②洋葱含糖，只是不经过加热就尝不出来；③油在加热中会出现甜味。接着进行实验：①通过加碘与明显的含淀粉类食物进行比较实验，发现洋葱中不含淀粉；②进行糖度计测量实验，发现洋葱中含有糖分；③进行油加热实验，发现加热的油并无甜味。经过对假设的逐一实验，得出了洋葱本身含糖的结论。

（4）动手操作类的课题开展

一般遵循"发现问题—解决思路—准备物料—动手制作—验证效果"等步骤。如某生发现智能扫地机器人经常会碰撞到屋内的其他物体，于是决定做一个智能避障小车，解决思路运用单片机原理进行。然后是准备物料—动手制作—验证效果，这几步要提前做好规划、详细记录过程、多拍图片保留素材、忠实记录结果并分析原因。不管最后成功与否，都可以作为结论，哪怕是失败的，总结出为什么失败的原因也是课题的价值所在。

2. 小组合作的课题开展

如果课题是以团队或小组方式开展的话，研究方法还是和上面一样。但要注意相互之间的协作，做好以下几点。

首先在人员组织方面，要选定组长（负责人）。由组长明确组员分工，协调好工作之间的衔接，并明确工作要求，核查工作结果。其次，在分配任务时，要符合组员特点，发挥个人所长。如责任感较强的负责资料搜集和具体实施，文笔较好的负责文字书写类工作；严谨认真的负责数据处理类等。第三，团队要多沟通协调，遇到困难时群策群力，不要相互埋怨，甚至提出散伙。最后，对于结论的呈现要统一，哪怕有不同意见，也要尊重大多数人的想法，保持和而不同。

（四）研究性课题的结题：报告撰写

1. 课题报告的框架概述

完成课题研究后，就要完成报告或论文的撰写。一般来讲，课题报告具有严谨逻辑、规范格式、正确语言等科学属性，涵盖摘要、关键词、目录、正文、参考文献等部分。其中，正文又包括引言、研究方法、结果分析、结论等部分。

摘要是对整篇报告内容的概括说明,让读者看完就明白文章在讲什么;关键词是对标题或内容中核心词汇的提炼,一般3—5个;目录要层级清楚,体现一级标题、二级标题等,与正文要对应,标注页码;参考文献要具备科学性和权威性,不使用来历不明的信息,并注意格式的规范化。

正文部分:引言包括呈现研究背景、研究目的、研究意义、概念界定等内容,即课题对个人和社会发展有何作用,及独特性和创新点,为后面的研究奠定基础;研究方法就是讲清楚课题是如何展开的,包括问卷法、实验法、个案法、文献法、观察法等;结果分析就是对提出的理论假设或具体问题的搜集信息进行统计分析,要有清晰的逻辑框架;结论是本次研究内容科学总结和推论,主要包括是否实现了原来的假设,研究过程中的不足,以及要进一步研究的问题等。

2. 报告撰写的要点

对于问卷调查类的分析要点:多选题不适合于用饼图,可以用柱形图;数据分析不只是单道题目的分析,还可以将各数据相互关联进一步探究讨论,可以用堆积图。

对于有实验操作的报告:要对过程作详细清晰的说明,有图有真相;要对实验材料和实验条件、器材的介绍说明、实验基于的原理等前提交代清楚;要把实验过程的具体操作步骤、过程效果展示(图片配上文字说明)、实验数据记录与分析写出来。如物化生实验要注意控制变量说明实验步骤,工科类的组装实验要注意对组装过程和效果测试过程进行说明。

最后,课题报告要避免武断和情绪性语言的出现,正文中的图表要自己亲自制作,相信按此标准来完成的报告质量一定不错。附录10中展示了一份心理学领域的课题报告供大家参考。

第六章　综合评价招生中的面试

面试作为学校测试中的必备程序，已经成为综合评价录取中具有决定意义的环节。但也有很多人担心面试会不会存在暗箱操作的可能性，是不是刚好以投档线入围的学生就是"陪太子读书"，根本没有机会被录取。真实情况果真如大家担心的那样吗，答案当然是否定的。

近年来，随着国家对招生腐败的零容忍打击力度，考试招生制度越来越透明化，这点从教育部 2019 年初公布的"自主招生十严格"要求可见一斑。如许多高校采取"双盲制"，考官与学生随机抽签确定考场或分组，学生将考号标签贴在身上，面试过程中不得自我介绍，考官只能依照考号进行评分；很多高校还对考区进行了全封闭式管理，学生以及工作人员进入考区内，须经过专业第三方安检公司安检、身份证核查后，方可进入；学生走向是单向的，完成面试的学生与未考的学生全程零接触；部分高校设置了人脸识别机器，不仅在学生面试报到环节中使用，在考官审核时也采用了人脸识别系统；考场外的家长休息区里，家长都可以通过大屏幕上实时查看考试流程的现场直播等。

因此，想在越来越透明化的面试中获取较好的成绩，从而顺利进入自己心仪的高校，就要对面试的基本内容有一定的了解。

一、面试概述

（一）高校面试的必要性

面试是通过观察人的外在行为、语言、表情、肢体、眼神等，来评估对方的知识、技能、个性特点等内在素养，这在企业招聘的过程中彰显无遗。基于此，我们就不难理解高校综合评价中为什么要采用"面试"的形式。因为我们不能单纯通过分数的高低来判断一个人是否适合学习某个专业，就如同企业也不能仅凭一份简历就可以录用员工一样。

而高校招生面试就是经过精心设计，在特定场景下，以面对面交谈和观察为主，专家根据评分标准由表及里考查考生的知识、能力及个性特征，基于此进行独立评分的考试活动。它是大学挑选人才的一种重要方法，给大学和学生之间提供了双向交流的机会。

（二）高校面试的特点

1. 规范化的设置

主要体现在考题、考官、考场以及考务四个方面。考题方面，对应试者使用相同的题目，每个题目一般对应1—2个测试要点，并给出参考答案及评分标准。考官方面，一般由3—5人组成，其中1名主考；一般由主考官发问，也可由其他考官轮流发问；每人独立打分，加权求和或平均值。考场设置，除了准备室、候考室、面试室等不同功能教室的设置，还会全程视频监控。考务方面，主要指统一的考试组织管理面试流程、评分标准。这些规范化的设置，最大程度上保证了公开、公正、公平。

表36　综合评价招生面试评分样表（仅做说明用，不作为任何建议）

考查要素	测试内容	打分	总分
精神面貌和心理素质	仪表是否整洁		
	言谈举止是否得体		
	情绪是否稳定		
语言表达能力	是否详略得当		
	是否流畅连贯与清晰		
	英语表达能力如何		
学习能力	面对新概念的掌握理解		
	知识面是否宽广		

（续表）

考查要素	测试内容	打分	总分
逻辑思维能力	是否层次分明		
	前后逻辑是否严密，能否自圆其说		
理解沟通、应变协调能力	能够正确理解问题		
	与考官能否有效沟通		
	遇到挑战时的应对		
创新能力与发展潜力	分析与解决问题有无创新意识		
	发展潜力如何		
合作与诚信	合作意识		
	诚信意识		
	社会责任感		

2. 考查重点：过程＞对错

传统的高校录取人才的标准主要参照高考成绩，这是与学生的智力因素密切相关的。而近年来大量的心理学研究表明，学习成绩并不是唯一决定个体发展的要素，与智力因素没有直接关系的情感、兴趣、性格、信念、价值观等内容，在人才培养和成长过程中，也有着非常重要的作用。既然面试是对标准化考试成绩选人的一种补充，就意味着它会更多注重非智力因素的表现。

通过仔细分析面试考题，我们发现主要有三个特点：①以中学知识为基础，考查人文社科和自然科学；②以社会存在的热点现象、困难现象为题干；③问题基本没有唯一答案和正确答案，只有不同思路和回答的质量高低。因此，考官更注重学生在面试全过程的整体表现，而对答案正确与否则并不是很看重，何况很多问题并没有正确答案。

（三）高校面试的形式

1. 按照人数分类

按照此标准，我们可以把高校面试分为一对一面试、多对一面试、多对多面试、无领导小组讨论四种形式。

一对一面试，即一位考官与一位学生单独进行沟通的形式。2019年，采用此形式的高校仅有复旦大学。学生需要进入5个不同的房间，每个房间有一名考官，每名考官与学生沟通的时间为15分钟，需要面试5轮，合计75分钟。考官5人为一组，来自文、理、医等各领域。

多对一面试，即多位考官与一位学生进行沟通的形式，考官人数在3—8人不等。2019年，采用此形式的高校包括但不限于：上海交通大学（3位考官对1位学生）、华南理工大学（5位考官对1位学生）、南京师范大学（5位考官对1位学生）。其中，上海交通大学需要面试两轮，每位学生总计面对6名考官。这种形式也是较多高校采用的方式。

多对多面试，即多位考官同时与多位学生进行沟通的形式，考官人数在3—8人不等，学生人数在3—10人。2019年，采用此形式的高校包括但不限于：浙江大学（8位考官对8位学生）、南方科技大学（3位考官对6位学生）、中山大学（5位考官对7位学生）。

无领导小组讨论，是指参加面试的多位学生临时组成一个小组（一般为3-10人左右），不指定负责人，自行组织讨论指定问题，并作出回答，全程没有考官参与。如2019年，采用此形式的高校包括但不限于：山东师范大学采取5人小组方式讨论，时间为15分钟左右；西交利物浦大学采取6人小组方式讨论，时间在15-20分钟。

2. 按照组织形式分类

按照此标准，我们可以把高校面试分为结构化面试、非结构化面试和半结构化面试三种形式。

结构化面试，指的是面试题目均为标准化的试题，从题库中抽取，公平性较好。非结构化面试，指的是面试题目完全根据材料现场随机提问，避免了程序化。半结构化面试，指的是部分面试题目为标准化试题，部分题目为现场随机提问，在保证公平的基础上，兼顾到了灵活性，是高校目前采用的主要形式。

3. 其他类型

除了上面提到的这些分类，还有诸如能力检测、实践操作、问卷测评、体能测试等形式的面试。

能力检测类面试，主要指的是测试学生的现场学习能力。如清华大学数学学院采用"同起跑线考核"办法，先向考生讲授 30 分钟全新知识，然后组织考生无领导小组讨论，马上就此笔试和面试。这种形式的面试避免了学生的提前准备，又能选拔到专业需要的学生，未来可能会是一种趋势而逐渐加强。

实践操作类面试，指的是除了正常的面试场景外，还会加考动手实操的部分。如南京医科大学要求学生现场"用一张 A4 纸剪圆，在打满洞的板上穿绳子"等；北京工业大学在自招测试中，要求理工类学生现场做关于"电"的实验，要求建筑规划类现场石膏像素描和场景默写，要求经济管理类同学用商业模拟软件进行营销对抗。

问卷测评类面试，指的是在面试中加入相关问卷测评环节，测试完成后再进行面试。据此考查学生的个性特点、心理健康程度、是否适合专业学习。如北京师范大学自招测试包含心理健康量表的测试，时间为 30 分钟；西交利物浦大学的机试中有性格测试题和抑郁倾向测试等内容。

体能测试类面试，指的是学校加入身体测试的环节。如清华大学特地说明"体质测试成绩优秀者，将给予额外的 5 分降分"；浙江大学山东省招生要求的体质测试项目包括身高/体重（BMI）、肺活量、立定跳远、坐位体前屈、50 米跑，所有考生均须参加，无故不参加者不予资格认定。2019 年的自主招生考核院校全部要求加试体育，2020 年取而代之的强基计划也要求学校考核中加入体育测试，此外，综合评价招生院校也有逐步要求的趋势。因此，要重视体育锻炼，为测试获得好成绩加分。

二、高校面试题型解析

（一）题型分类

通过对高校招生面试的真题进行研究分析，基本上可以把面试题型归纳为 8 类：自我发展类、学校专业类、课题研究类、人文素养类、道德价值类、逻辑思维类、时政热点类、专业测试类。

1. 自我发展类

这类面试题目以学生本人为中心，突出考查个性特点、兴趣特长、未来生涯规划等内容。常见的就是"自我介绍"，一般会在开场环节提出，有利于缓解紧张情绪，营造良好氛围。不过要注意的是，在非结构化的面试中，自我发展类问题会是提问的重点，专家会依据提交的自我陈述材料进行询问，所以要熟悉之前的递交材料，不能出现材料写过的内容自己完全记不住的情况。该类型问题出现在历年面试中的真题包括但不限于：

- 高中阶段遇到最难的事情是什么，最骄傲的事情是什么，最难忘的一天是什么？
- 你提到对历史剧感兴趣，并扮演过胡适这一角色，能具体谈谈吗？
- 评价一部自己喜欢的电影、平常读的书，喜欢的作者是谁？
- 你喜欢干什么？有什么爱好？什么能使你感到兴奋？
- 你的人生理想是什么？对未来的规划有想过吗？

2. 学校专业类

这类面试题目是考官很注重的问题，也是每年必考的题目。它以选择学校和专业的缘由为出发点，全面考查学生对自己报考学校和专业的了解程度，据此选拔到适合自己学校和专业的学生。所以，学生在面试前，一定要对报考学校的历史沿革、知名校友、办学特色、校训等内涵重点了解，要对报考专业的学科带头人的背景信息和学术文章有所了解。该类问题出现在历年面试中的真题包括但不限于：

- 为什么选择我们学校，如果过了清北线怎么抉择？我们学校的优势是什么？
- 填报**专业的理由，是否了解**院系和该院系的著名人物？
- **学校的这个专业也很不错，为什么选择报考我校？
- 你的物理很好，为什么选择数学专业？
- 你对大学生活的学习有什么规划？

3. 课题研究类

该类面试题目主要是对学生高中阶段所做的研究性学习所进行的提问，

主要考查学生的课题如何开展、创新性如何、成果是否与报考专业（类）一致等。所以，大家要注重综合素质评价档案中该项内容的填写，熟悉课题报告。因为课题反映学生的研究性学习能力，而这也是大学学习的主要形式，所以也是考官关注的重点。该类问题出现在历年面试中的真题包括但不限于：

● 你的研究性报告是有关初中生综合素质的，你认为综合素质应当如何评判？

● 你的课题是数学建模，为什么/怎么做/困难/方法/结果如何？

● 报考社科类专业，为什么课题方向是植物类？

● 课题是你自己选择的，还是他人指定的？

4. 人文素养类

该类面试题目主要考查学生对"以人为对象"的理解，核心内容是对价值意义的追求和关怀，科学精神、艺术精神和道德精神均包含其中。通常包括传统文化和历史积淀，要求注重平时的积累和思考，否则难以回答。该类问题出现在历年面试中的真题包括但不限于：

● 请谈谈"和而不同"，并由此延伸至对于"一带一路"发展意义的理解。

● 古人云"诗是无形画，画是有形诗"，请谈谈你的见解。

● 谈谈"性本善还是性本恶"的哲学思考。

● 如何在国外传承中华传统文化？

5. 道德价值类

该类面试题目往往设置一个情境，请学生以当事人的身份做出选择，从答案中投射出学生的思想道德品质和价值观。要有三个原则：①大是大非面前，要有明确的判断；②典型的两难问题，考查学生在看似同等重要的价值中如何衡量与取舍，考查的是学生的处世智慧；③在其他情境中，学生不必唱高调，只要是符合基本伦理并言之有理就可以。该类问题出现在历年面试中的真题包括但不限于：

● 很多家长过节会给教师送礼，他们认为若不送礼孩子会吃亏，请你对他们说几句话。

- 一名大叔酒后开车送突发疾病的老人去医院而被处罚,对此该怎么看?
- 如果穷人区和富人区同时失火,你会先救哪边?
- 怎么看待身边的同学?如何看待为人民服务?

6. 逻辑思维类

该类面试题目也是频繁出现的,考官据此考查学生的逻辑思考和临场反应能力。内容主要包括:①直接让你下定义,看你能否运用严密逻辑思维界定一个抽象的概念;②给出两种截然对立的说法让你判断,考查是否具有能够在两种对立观点下保持理性分析的能力;③有的类似脑筋急转弯,考查发散性思维与创造性思维。该类问题出现在历年面试中的真题包括但不限于:

- 但丁说过道德常常能填补智慧的缺陷,而智慧却永远填补不了道德的缺陷,如何理解?
- 团队力量和个人素质何者更为重要?假期集中在一起放还是分开放?
- 互联网对中华优秀传统文化的普及与推广是弊大于利还是利大于弊?
- 如何理解聪明?你认为人工智能未来会比人类聪明吗?
- 如果有一天,老鼠统治世界,你怎么看待这个现象?
- 桌子为什么是桌子,椅子为什么是椅子?

7. 时政热点类

高校面试从来不回避时事热点,甚至昨天发生的事情第二天就出现在面试现场。该类面试题目范围包括政治、经济、社会、文化、教育、体育等各方面,考官经常以这些为出发点,一方面考查学生对社会热点的关注度,一方面考查逻辑思考能力。所以大家要养成关注当下时事新闻和社会现象的习惯,并尝试分析思考。该类问题出现在历年面试中的真题包括但不限于:

- 山东圆通女快递员因少个芒果遭到投诉下跪求客户原谅一事,谈谈自己的看法。
- 如何看待垃圾分类?如何看待抖音这个APP?怎么看待基因编辑技术?
- 5G牌照发给了哪些公司,5G对社会产生哪些影响?
- 川航机长生死迫降,冷静处置危机,你怎么看?

- 房子是用来住的而不是炒的，你怎么看？
- 针对最近的华为事件，讲讲自己的看法。

8. 专业测试类

该类面试题目主要围绕学生报考的专业（类）展开，考查学生对科学常识和某个领域专业知识的理解和应用能力。所以，大家应该对报考的专业领域知识提前了解，梳理高中阶段数、理、化、生科目知识与日常生活的结合点。该类问题出现在历年面试中的真题包括但不限于：

- 打铁的时候，为什么到达一定温度之后就不能再高了，是什么决定了它这种限制？
- 有理数和无理数的区别是什么？生物细胞中的能量转换器是什么？
- 你对于数学中的对称如何理解？生活上、时间上还有什么对称？
- 库仑定律用电场来怎么表示？硫酸铜为什么是蓝色的？
- 洗衣机的工作原理是什么，脱水为什么会震动？
- 萤火虫为什么会发光？5G信号能不能拐弯？

（二）应答技巧

在知道了常见的8类问题后，我们该如何回答呢，有没有一种技巧让大家掌握后就能以不变应万变呢？相信这是大家非常想知道的部分，答案当然也是肯定的。但要提醒大家的是，所谓技巧是一种应考的思路，可以帮助我们在没有思路的情况下应对来自专家的提问，并不能保证一定拿高分。

1. 三步答题法

当我们不清楚如何回应考官提出的问题时，可以参照"三步法"，帮助我们在面试现场快速理清思路，其核心逻辑就是"是什么—为什么—怎么办"。方法如下：

第一步：是什么——明确给出你的意见与判断。要求直接明了给结论，不要模棱两可。

第二步：为什么——给出你的理由。要求条理清楚给论据，不要前后矛盾。如可以宏观与微观，主观与客观，直接原因与根本原因，国内层面与国外层面，过去、现在与将来，国家、省、市（县）等维度摆事实讲道理。

第三步：怎么办——给出你的感悟或总结。要求具有针对性，和原因相对应，同时符合学生认识水平。

> 【三步法】应用示例：
>
> 　　哈佛大学图书馆墙上写有这样一句话"请享受无法回避的痛苦"，谈谈你的理解。
>
> 【考查点】学生对待人生挫折和痛苦的态度，以及对这一人生课题的理解。
>
> 【思路】
>
> ①是什么：说出对这句话的字面意思理解。如对"享受""痛苦"的理解等。
>
> ②为什么：你支持还是反对这句话，理由是什么，注意条理清晰。如从过去、现在和将来的角度谈，或者直接用1—2—3的方式讲。
>
> ③怎么办：我们在日常生活中，应该如何更好处理痛苦，转化成我们的实际行动。

最后要强调的是，使用"三步法"答题时，我们的回答不一定要全面覆盖思路的每一个部分，因为答题时间只有几分钟，可以针对最熟悉的点进行论述，逻辑清楚明白即可，并注意在说理的同时列举相关事例来证明。

2. 准备不足的问题回应

如果有些问题本身就超出了我们的理解范畴，尤其是专业知识类的问题，也就无法采用"三步法"答题了。那应该怎么办呢？

首先，我们一定要控制住情绪，切不可乱了方寸，甚至直接夺门而逃。要知道面试中可能存在压力面试，专家就是故意问一些你不知道的问题，然后观察你的表现。保持情绪平稳的小方法，可以直接告诉专家"我有点紧张"，以此来获得一定的喘息时间。

其次，在稳定好情绪的基础上，我们再分两种情况来谈：一是完全不会，二是略知一二。如果属于"完全不会"型问题，我们的原则就是诚实告知,千万不要不懂装懂,要知道坐在你面前的都是该领域的专家。但在告知不懂后,可以同时阐述自己愿意学习的品质,如"虽然还不懂,不过回去后我会查找相关资料来搞明白"。如果属于"略知一二"型问题,我们也不要想着拼凑答案,只需把自己知道的内容表达清楚即可,如"老师您好,这个问题我知道得不是很多,就我知道的内容来看……"

3. 不同问题类型的回答要点

这里我们重点讲一下"自我发展类""学校专业类""课题研究类""时事热点类"和"专业测试类"等几类频繁出现的问题回答要点。

对于"自我发展类"问题:总体要求诚实讲述自己的经历,千万不要虚构自己的经历,同时表现应有的特征即可。如"你和同学相处如何,如何处理寝室关系"。先回答"是什么",即相处情况,如"融洽、很好"等;再回答"怎么办",如"真诚待人、矛盾时的谦让"等,可以举事例说明。

对于"学校专业类"问题:本质是考查学生的求学目的,要体现求学目的的层次性,既有现实考虑又有内在动力,甚至包括家国情怀。如"为什么选择金融专业,是因为赚钱吗?"可以重点讲"为什么"。如"从现实方面来讲,确实有这方面的考虑;从兴趣来讲,我的数学很好,学习金融可以和实践相结合;从家国情怀来讲,希望能够为社会主义金融体系的发展贡献自己的力量"。

对于"课题研究类"问题,总体要求就是一定要事先了解自己的报告,熟知起因、经过和结果。如"谈谈你是如何开展课题研究的?"就可以从"是什么"和"怎么办"两个角度讲,即课题做的是什么,为什么会想到做这个课题,课题过程中承担的角色是什么,遇到的困难及解决办法,成果的创新性等。同时专家会对研究课题与报考专业(类)匹配情况进行提问,如"你的课题偏物理方向但为什么选择语言类专业",就可以尝试讲二者的结合点,而这个一定要在面试前提前准备,否则现场会慌乱。

对于"时事热点类"问题,总体要求就是对问题分析要有一定深度,有自己的独特看法,不能浮于表面。如"怎样看待中国的'一带一路'建设",可以从"宏观/微观""国内/国外""当下/未来"等角度来讲"为什么"要做这件事情,也可以讲"是什么",旗帜鲜明地支持国家政策。建议大家可以关注诸如"侠客岛""南风窗""环球网"等新闻时评类公众号,这样可以在现场更好地呈现观点。

对于"专业测试类"问题,总体要求是要把握关键信息,没有理解题干可以请考官提醒,若条件许可也可借助纸笔演算。如"世界上著名的渔场有纽芬兰渔场、北海道渔场等,它们是怎样形成的",若不会就诚实告知,但无论如何要体现出有能力学习新知识。

三、高校面试的相应准备

(一)高校面试的全过程及准备

高校面试的过程包括候场、进场、交流、离场等环节。其中,很多人只关注正式沟通交流的环节,而忽略了其他部分的细节。所谓"细节决定成败",很多时候我们觉得现场回答得不错,但最终却被淘汰的原因正在于此。

候场,指的是我们在正式面试前等候的地方。这种场合不允许带手机,大部分学校还会屏蔽信号,如果是抽签顺序靠后的同学,这段时间是比较难熬的,很多同学也会被消磨掉热情。其实,候场时我们有很多准备工作可以做:①在规则允许的前提下,可以与候场的其他同学交流;②回忆之前参加过的模拟面试场景;③无领导小组讨论或同组一起面试的尽量记住他们的姓名。有些学校候场时,还会播放学校宣传片,要认真观看并记忆学校的特色优势与历史,这些都可能在正式沟通中提及。

进场,指的是我们在进入面试室后到正式交流的这个环节,它可进一步拆解为进门与落座两个部分。心理学上有一个非常著名的"首因效应",即对一个人的判断很大程度上受到第一印象的影响。所以,进场的基本礼仪与规范要做好。如进门时轻轻敲门或跟随引导员速度从容进入,并向老师问好;落座时要坐直身体,臀部占据椅子一半或三分之二的空间,身体微微前倾,双手自然平放在双膝上或交叉放在桌上,双脚自然平放在地板上,表现出轻松、自然和自信。

交流，指的是我们正式与考官面对面一问一答的过程，它可以细分为听、思、说、看四个部分。听，即认真聆听考官的提问，不明白要有礼貌询问。思，即思考刚刚提出的问题，若有纸笔的话可快速列出清晰的回答提纲，若没有思路也可借助"三步答题法"来整理。说，即用清晰的语言把自己思考的结果表达出来，在具备逻辑性的同时要把握好节奏，注意不要超时、不要抢老师话、不要争辩，可以的话面部略带微笑会更好。看，即回答问题的过程中，要注意自己眼神的运用，并观察面试官的反应。眼神要和对方有接触，可以与对你微笑或打招呼的人进行目光交流，但不要忽略任何人，要尽量看到每一个人，与每个人都有交流；读懂面试官的非言语表情，微笑表示认同、正确和赞赏，眼神游离表示不感兴趣，胸前手臂交叉表示审视等。

离场，指的是我们在正式沟通结束后退场的过程。需要注意的细节包括感谢老师、整理桌面、轻轻关门（若进去时门是关着的话）等。有些学校为了更加规范化，其进场和离场路线是不一样的，所以要服从引导员和工作人员的安排，展现自己的良好形象。

（二）高校面试的规则及准备

1."一票否决"场景

在高校面试中，有三种场景的"枪口"一定不能碰，不然前面表现的再好，也会被"一票否决"。

①品德（作弊）问题一票否决。所以一定要注意提交材料的准确性和真实性，并在面试前烂熟于心。如"你说你喜欢小狗，并且在初中还养过，那你家的小狗是什么颜色"，学生的回答和材料不一致，基本可以判定出局，因为可以理解为材料造假，品行存在问题，这样的学生，高校是不喜欢的。

②价值观问题一票否决。注意一定要持有主流正向积极的价值观，不能为了展现个性而故意用极端价值观。如"你在考场中面试，而你的父母却在高温中等待，对此你怎么看"，回答时不可表现出理所应当或者埋怨的态度，应该要抱有一种感恩的心态来面对。

③心理健康问题一票否决。关键点在于心理承受能力与健康程度。如常见的压力面试，如果学生承受不住与考官吵闹，或者直接夺门而走，直接出局；再如"用成语来形容一个政治家，你想到的是什么"，若都是偏负面的词汇，基本上希望也不大。

2. 录取人的原理

即大多数人录取的是他们喜欢的人，而不是能干的人。考官喜欢的学生类型：本色出演的学生，自信、积极、乐观、礼貌的学生，喜欢独立思考、逻辑清晰、稳重的学生；不喜欢的学生类型：张狂、不诚实的学生，说套话、背台词的学生，卖弄、显摆的学生、故意迎合老师的学生。

如一位考生之前的表现都很不错，当被问到"你和你的老师、表弟一起落水，你会游泳，他们两个都不会，你只能救一个人，你救谁"的问题时，现场的交流如下——答：恩师。问：为什么？答：因为他是老师，最值得尊敬？问：假如当时你的表弟距离你最近，恩师距你较远，你救谁？答：救恩师，因为……问：当时情况非常紧急，做出救人决定前会先理性思考吗？答：会，我会想想该救谁的。专家本来想测试这位同学的应变思维，但他的回答一直存在讨好老师的嫌疑，这是考生的真实想法还是其他什么心理状态，让人捉摸不透。

3. 首因效应

是指人与人第一次交往中给人留下的印象，会在对方的头脑中形成并占据主导地位的效应。心理学研究发现，与一个人初次会面，45秒就能产生第一印象，所以再次凸显刚进门到入座期间这短短几十秒我们的整体形象。

构成第一印象的要素主要包括：外表（长相、气质、衣着、表情、肢体语言）占55%，声音（语音、语调、语速、节奏）占38%，言谈（内容）占7%。我们一直以为言谈内容应该占据主要地位，殊不知第一次交往时，人是"以貌取人"的。

（1）外表准备

包括仪表和着装两方面。仪表上，男生头发不要光头或长发，女生不建议寸头；指甲干净，无污垢；洗澡和刷牙很重要，面试当天一定要干净整洁地出现。着装上，配饰要简单，手表即可，没有也没关系；扣子、鞋带要规范系好；穿让自己倍感自信的衣服，不奇装异服，原则上爸妈看着舒服即可。

（2）声音准备

不要用假嗓子，声音洪亮有底气；语调要抑扬顿挫，不要平铺直叙；音量要以面试官能听见为准，不过大也不过小；语速尽量和提问老师的速度一致，不要像"机关枪"一样。

（3）语言准备

回答要紧扣问题，不要跑偏；使用规范语言，不用方言，少用网络词汇；使用故事和数据来证明观点，将是加分项。

4. 其他重要准备事项

（1）知识准备

对报考大学院系知识的准备。对报考学校的校训、历史和名人的了解，对报考院系和专业的历史、成果、名人的了解，提前阅读学科带头人的学术论文，力争认出面试老师。

热点和专业知识的准备。即对过去一年社会热点的了解储备，避免被问到的时候一脸尴尬。如2019年的热门话题有——流浪地球、巴黎圣母院失火与英法联军火烧圆明园、响水化工厂爆炸事故、翟天临学术造假、范冰冰偷税漏税、中美贸易战升级、波音失事、华为事件、996工作制、5G时代、周年纪念日等。同时有专业面试的同学，对相关专业知识的准备（前沿科普、硕士博士论文等），如最新的黑洞等。

（2）自我介绍的准备

通常，面试的第一个问题就是"简单做一个自我介绍"。大家要对自荐信中所写的特长、兴趣、个性特点等知识进行熟悉与准备，尤其是案例。此外，还要学会不报姓名和学校的自我介绍，因为部分高校为了提高公正性，不准学生在介绍中提及基本信息；准备一个英文的介绍，尤其报考的是英文专业或外国语大学。

最后，想要告诉大家的是，面试的最高境界就是"无我"。即忘掉所有的规则与方法，不要考虑技巧上的事情，以最本色的状态全身心投入，就一定能在高校综合评价面试中获得理想的成绩。

第七章 用生涯思维决胜未来

在升学规划实践中,我们总能观察到这样的现象:一方面,虽然当下提供给高中毕业生选择的升学路径有很多,但很多人还是奔着裸分报考这一条道;另一方面,大部分人都是高考结束后才开始思考要填报的大学专业,极少部分有提前规划意识的同学也是到高三才想这些问题。很多学生在不了解自己和专业的情况下随性选择,导致进入大学后厌学、退学的现象屡见不鲜,完成学业后从事本专业相关工作的人更是少数。《中国青年报》对大学生做过的一次调查显示,67.9%的人承认报考专业时是"盲目的",想要重新选择一次专业的人达到71.2%;麦可思教育调查数据也显示大学新生仅有4%的人对自己的大学和专业表示很满意。

这些现象和数据已经说明了传统升学方式带来的负面影响,而新高考改革所提倡的认识自我、主动发展、提前规划、学会选择等内容正是为了解决传统模式下,学生过于关注分数的现象。因此,升学规划不是到高三才考虑的事情,更不是待到高考出分后,而是要从高一入学就要开始。这就需要我们了解新高考的政策规则和选科的策略方法,需要系统地进行自我探索和体验大学专业,需要到社会中体验和感受多种活动等,并合理安排到高中三年的学习生活中,这也是参加综合评价招生的必要条件。

一、生涯的基本思路

高中阶段的生涯规划,更加聚焦于三年后的升学。基本思路就是在自我探索和外部认知的基础上,作出适合自己的选择。

（一）自我探索

了解自己，其实是个非常宏观的概念。我们在高中阶段进行生涯自我探索的维度主要包括兴趣、能力、性格、优势四个方面。在这四个维度里，心理学也有很多的理论工具来阐述，我们选择了国内外生涯教育中广受认可的霍兰德职业兴趣类型、加德纳多元智能类型、迈尔斯母女的MBTI性格类型、VIA积极优势。

1. 霍兰德职业兴趣

美国著名生涯发展专家霍兰德教授通过广泛的实证研究，认为每个人的兴趣都可以归纳为六种类型：实际型、研究型、艺术型、社会型、企业型、常规型，每种类型代表了一种典型的倾向，而这种倾向可以反映出一个人适合的专业方向和职业爱好。具体的解释如下：

（1）实际型（Realistic）

该类型的人具有顺从、坦率、谦虚、自然、坚毅、实际、稳健、害羞、节俭等特征。他们偏好具体任务，善于以具体实用的能力解决问题，通常喜欢独立做事情；相对而言，不善言辞，缺乏社交能力。典型职业包括工程师、医师、一般技术人员、农林渔牧相关职位等；典型专业方向包括但不限于工学类、农学类专业，以及临床医学、针灸推拿、设计类、考古学等。

（2）研究型（Investigative）

该类型的人具有分析、谨慎、判断、好奇、内向、精确、理性、好学、自信等特征。他们善于动脑善思考，拥有数学和科学方面的能力，知识渊博；相对而言，不善于领导他人，不喜欢被约束。典型职业包括大学教师、企业研发人员、科学家等；典型专业方向包括但不限于经济学类、理学类、哲学类专业，以及基础医学、艺术学理论等偏基础研究类。

（3）艺术型（Artistic）

该类型的人具有复杂、想象、冲动、独立、情绪化、不服权威、不重秩序等特征。他们善于创造新颖的成果，渴望表现自身个性，拥有音乐、表演、写作、绘画等方面的能力；相对而言，做事理想化，过于追求完美，不重实际。典型职业包括音乐家、作家、设计人员、导演、演员、画家等；典型专业方向包括但不限于艺术类、文学类专业，以及文物与博物馆学、包装工程、印刷工程、纺织工程、服装设计、城乡规划与风景园林等。

（4）社会型（Social）

该类型的人具有合作、友善、慷慨、助人、负责、仁慈、善沟通、洞察力强的特征。他们偏好与人打交道，关心社会问题，看重社会义务和道德，渴望发挥作用；相对而言，容易没有原则，动手能力不强。典型职业包括教师、社会服务工作者、公益组织从业人员、咨询人员等；典型专业方向包括但不限于教育学类、医学类专业，以及社会学、社会工作、人力资源管理、旅游管理、劳动与社会保障等。

（5）企业型（Enterprising）

该类型的人具有竞争、冒险、抱负、乐观、自信、野心、冲劲、精力充沛、说服他人等特征。他们目的性强，习惯以利益得失、权力、地位等衡量价值；相对而言，缺乏科学能力。典型职业包括但不限于营销人员、律师、公关人员、政治人员、企业管理人员等；典型专业方向包括法学类、管理学类、政治学类等。

（6）常规型（Conventional）

该类型的人具有顺从、谦逊、自抑、坚毅、实际、稳重、重秩序、效率高等特征。他们关注实际和细节情况，有条理，不谋求领导职务；相对而言，缺乏创造性，较为谨慎和保守。典型职业包括会计、审计、行政、编辑、秘书等；典型专业方向包括但不限于统计学、审计学、会计学、财务管理、物流管理、行政管理、公共事业管理、图书馆学、档案学、信息资源管理、护理学、文秘等。

下表为霍兰德各类型的代表性描述，可在每种类型符合自己的描述上打"√"，然后统计数目，前三名即我们的霍兰德代码。不过要提醒大家的是，我们每个人都有六种类型的特征，排序靠前的三个只是代表该类型更为明显和常用而靠后的三个类型平日不突出但不代表没有。这里提供霍兰德职业兴趣类型的简版自评表，供大家参考。

表37　霍兰德兴趣类型自评表简版

类型	典型描述	类型	典型描述
实际型（R）	我喜欢独立完成一个活动	研究型（I）	我不断问自己：为什么
	我善于自己修理、制作东西		我经常对大自然的奥秘感到好奇
	我喜欢周围环境简单而实际		我喜欢使我思考、给我新观念的书籍
	我用运动来保持强壮的身体		我可以花很长时间去寻找相同事情的道理
	我喜欢直言不讳、避免拐弯抹角		我会思考问题直至找到合理的解释为止
	我不害怕过重的负荷，并且知道工作重点		我在解决问题时，必须把问题彻底分析过
艺术型（A）	大自然的美深深触动我的灵魂	社会型（S）	和他人的关系丰富了我的生命
	我总是寻求新方法来发挥我的创造力		我对别人的情绪低潮相当敏感
	我喜欢重新布置环境，使它们与众不同		人们会经常告诉我他们的烦心事
	我期望能看到艺术表演、戏剧及好电影		当别人诉说困难时，我会是个好听众
	从事创造性事物时，我会忘掉一切旧经验		我愿意花时间帮助别人解决个人危机
	尝试不平凡的新事物是件相当有趣的事情		亲密的人际关系对我而言是非常重要的
企业型（E）	我喜欢竞争	常规型（C）	准时对我而言非常的重要
	能影响别人使我感到兴奋		我做事情时喜欢有清楚的指令
	升迁和进步对我是非常重要的		当承诺做事情时会竭尽所能，监督所有细节
	成为团体中的关键人物对我很重要		我在开始一个计划前会花很多时间去计划
	我常开启一个计划，而由别人完成细节		小心谨慎完成一件事，我会非常有成就感
	做事情失败了，我会再接再厉继续奋战		把每日工作安排好，我会有很强的安全感

来源：吴芝仪《我的生涯手册》，2008

2. 加德纳多元智能

哈佛大学著名的发展心理学家加德纳从学习能力差异研究出发，于1983年提出了多元智能理论，他把人的智能归纳为八种：言语智能、逻辑—数学智能、音乐智能、视觉—空间智能、身体—运动智能、人际智能、内省智能、自然观察智能。每种类型代表了一种典型的学习能力倾向，时至今日仍在不断完善发展。具体的解释如下：

（1）言语智能（Linguistic）

是指有效运用口头语言和书面文字来表达自己的想法，并能了解他人的能力。他们敏感于声音和语言风格，说话自如、书写流畅；通常喜欢运用隐喻、明喻等表达方式。这项能力将有助于学生学习语言的结构、发音、意思、修辞，并进而加以结合作实际的使用。建议的专业包括但不限于中国语言文学类、外国语言文学类、新闻学类在内的文学类，以及国际关系、外交学、政治学在内的政治学类等。

（2）逻辑—数学智能（Logical-Mathematical）

是指能有效运用数字和推理的能力。他们敏感于数字和客观规律，通常善于建立因果联系，发现模型，能够以概念和问题为中心进行思考。这项能力将有助于学生学习计算、分类、概括、推论、假设、逻辑、陈述和因果，以及其他相关抽象概念。建议的专业包括但不限于理学类、工学类、经济学类、哲学类等。

（3）音乐智能（Musical）

是指察觉、辨别、改变和表达音乐的能力。他们敏感于音调、节拍、旋律、音高、声音，对各种非语言的声音和日常噪音的节奏很敏感；能按调子唱歌、跟上节拍；可以理解、欣赏、创作和评价音乐。这项能力有助于学生学习音调、旋律、演奏、作曲、音乐创作及歌唱等。建议的专业包括但不限于艺术学类、部分教育学专业（艺术教育、小学教育、学前教育）等。

（4）视觉—空间智能（Visual-Spatial）

是指准确的感觉视觉空间，并把所感觉到的表现出来的能力。他们敏感于色彩、形状、视觉游戏，通常将文字和感想转换为心理图像；擅长形象思考，有敏锐的定位感和方向感；能够进行视觉创作和视觉准确定位。这项能力将有助于学生学习形状、形式、空间、解读图形讯息等。建议的专业包括但不限于工学类专业（建筑学、土木工程、水利工程、测绘），艺术学专业

（美术学、绘画、雕塑、视觉传达）等。

（5）身体—运动智能（Bodily-Kinesthetic）

是指善于运用整个身体来表达想法和感觉，以及运用双手灵巧地生产或改造事物的能力。他们能相对容易地操作外物并进行精确的身体运动；他们的触觉发展很好，乐于接受有关体能的挑战和职业。建议的专业包括但不限于体育学类，部分艺术学专业（舞蹈、雕塑），工学类，农学类，医学类等。

（6）人际智能（Inter-personal）

是指觉察并区分他人的情绪及感觉的能力。他们敏感于身体语言、情绪、声音、感受，很友善也非常好交际；能够与人共事，并帮助人们发现问题、解决问题。这项能力有助于学生学习对脸部表情、声音和动作的敏感性，辨别不同人际关系的暗示以及对这些暗示做出适当反应的能力。建议的专业包括但不限于市场营销、人力资源管理、教育学类、新闻学类、法学类等。

（7）内省智能（Intra-personal）

是指个人自我了解、分析反思的能力。他们敏感于自己的优点、弱点、目标和需求，能监控自己思维，展示自律、保持冷静，超越自我。这项能力有助于学生学习包括了解自己的优缺点。认识自己的情绪和动机，以及自尊、自省、自律等。建议的专业包括但不限于心理学类、哲学类等。

（8）自然观察智能（Naturalist）

是指对周围生活环境的认知与喜好表现，对动植物和天文有强烈的兴趣和关注。他们喜欢户外活动，喜欢学习生物；倾向于对生物和自然物的鉴别和归类，懂得欣赏大自然，并对自然有深刻的理解；能分析生态和自然环境及数据，在自然环境中工作。建议的专业包括但不限于农学类，理学类（天文学、地理科学、地质学、生物科学），工学类（风景园林、地质工程、采矿工程等），考古学等。

要提醒大家的是，我们每个人都有八种智能的特征，靠前的是我们的优势智能，排位靠后的只是说明比较弱势而已，但不代表没有。这里提供加德纳多元智能的简版自评表，供大家参考。简版中对每个智能进行了描述，大家可在符合自己的描述上打"√"，然后统计数目，排在前2—3位的就是我们的优势智能。

表38 加德纳多元智能自评表简版

类型	典型描述	类型	典型描述
言语智能（L）	我喜欢填字游戏、猜谜语、快速拼字	逻辑数学智能（LM）	我对科学的新发展很有兴趣
	我在谈话时常引用看来或听来的资讯		我喜欢提问，探究事情发生的原因
	语文、历史对我来说比数学、科学容易		我喜欢数学课，参与数学和科学活动
	我能看图说故事，用丰富词汇编写故事		我相信经过科学研究或有数据的事情
	我喜爱讨论、辩论等应用语言文字的活动		我喜欢棋类或其他运用数学策略的游戏
	我很容易明白别人的谈话内容及言外之意		我喜欢寻找事物的规律、形式及逻辑顺序
音乐智能（M）	我能辨别音乐走调	视觉空间智能（VS）	我画图画得很好
	我会弹奏一种或多种乐器		我一般能在陌生的地方找到路
	我会自己作词、谱曲以抒发情感		我更多从图画而非文字中获取讯息
	我能很快地学会一首歌并准确唱出来		我很容易分辨不同深浅程度的红色
	我会倾听乐曲的内涵，领受音乐的意境		我喜欢手工、美术、劳作、视觉艺术课
	我喜爱随意哼唱、不自觉用手脚轻打节拍		我爱玩拼图、走迷宫、堆积木等想象类游戏
人际智能（I）	我是消息灵通人士	身体运动智能（BK）	我擅长一种或多种体育运动
	我懂得关心、体谅和帮助别人		我喜爱体育活动和身体动作类游戏
	当有问题时，我愿意找别人帮助		我善于模仿他人的动作、言谈举止
	我乐意与人分工合作，喜爱集体活动		我喜爱缝纫、编织、雕刻、木工或做模型
	我具有团队精神，既尽职又努力奉献		与人谈话时常用手势或其他肢体动作辅助
	我易结交新朋友，且至少有三个亲密朋友		我善于协调各部分身体动作，如跳舞、体操

(续表)

类型	典型描述	类型	典型描述
内省智能（I）	我能恰当表达自己的感受和想法	自然观察智能（N）	我喜欢使用仪器来探究自然世界
	我经常思考自己的重要人生目标		我是朋友中最先注意到花苞或嫩芽的人
	我认为自己意志坚强或性格独立		我喜爱看以自然景观为主题的展览或书籍
	我能控制自己的情绪，不随意发脾气		我喜欢到公园、植物园、水族馆参观考察
	我能客观评价自己，知道自己的优缺点		我喜爱收集标本、种植花木，参加野外活动
	我有自知之明及据此做出适当行为的能力		我喜欢看云，并看出不同形状、高度、明暗

3.MBTI性格类型

美国心理学家迈尔斯母女提出的MBTI（Myers-Briggs Type Indicator）性格类型，从四个方面对人进行了分类，每个方面按照不同的标准分为截然相反的两个维度，每个人都表现出其中一种的倾向。

（1）外倾—内倾（E-I）

这是根据个人心理能量的流向来确定的，即我们的活力更多来自外部的互动还是内部思考。外倾型的人专注于外在世界的人和活动，他们把精力和注意力集中对外，从跟别人的互动中取得动力。内倾型的人专注于内在世界的意念和经验，他们把精力和注意力集中对内，从反思自己的想法和感受之中取得动力。

（2）感觉—直觉（S-N）

这是根据个人获取信息的方式来确定的，即收集信息时更多来自五官还是灵感。感觉型的人喜欢收集实在具体、发生在现实世界里的信息，对于身边发生的事情和细节，能够观察入微。直觉型的人喜欢通过观察大局和种种事实之间的关系和关联去获取信息，他们渴望抓到事情的脉络，特别乐于看到新的可能性。

（3）思考—情感（T-F）

这是根据个人决策方式来确定的,即做决定时更多依靠理性还是感性。思考型的人做决定时注重逻辑,他们在思维上把自己置身事外,客观分析事情正反面;他们通过批判和分析事情找出其中错处,从解决问题的过程中得到动力,目的是要找到一套能应用于同类情况的标准原则。情感型的人做决定时会考虑什么东西对自己和相关的人是最重要的,他们会考虑每一个人的情况,遵循以人为本的价值观;他们从欣赏和支持他人的过程中得到动力,目的是要创造和谐。

(4)判断—知觉(J-P)

这是根据行为方式来确定的,即做行动时更多喜欢规划还是随性。判断型的人喜欢有计划、有条理的生活,并会试图调节和管理自己的生活;他们做出决策,得出结论,然后去做下一件事情,喜欢把事情早做了结;对他们来说,按照时间表做事非常重要,会从完成事情之中获得动力。知觉型的人喜欢有灵性和即兴的生活方式,并会试图体验和了解生命,而不会去操纵它;详尽的计划和不变的决定,会使他们觉得被束缚;他们乐于在最后关头完成事情,并随机应变适应眼前需求,并从中取得动力。

要强调的是,一个人在某些场合里可以表现出一种状态,但在另一些场合表现出截然相反的状态,不存在完全的外倾或内倾,其他三个方面亦然。但个人在一生中,会有其中一种心态占主导地位,多数时间尤其是无压力的自然状态下会倾向一种心态。同时,研究发现MBTI对职业和专业选择影响最大的维度偏好是"感觉—直觉"(S-N)和"思考—情感(T-F)"维度,另外两个维度对于个人选择职业和专业没有必然的影响。我们已经在前文的"选科漏斗策略"部分对"S-N、T-F"与专业的关系进行了阐述,这里不再赘述。

下表为MBTI各个指标的代表性描述,每一行的左右两侧描述都是相互矛盾的,大家在符合自己的描述上打"√",然后统计在该项维度上的数目,即可以得出自己的性格类型结果。例如在"外倾—内倾"的描述中,外倾的"√"数量大于内倾,则该项维度即为外倾,其他维度以此类推。

表39 MBTI性格类型自评简表

外倾(E)				内倾(I)
	被外部的环境所吸引		被自己的内心世界所吸引	
	喜欢以说话的方式和别人沟通		喜欢以书写的方式和别人沟通	
	通过"说出来"的方法来想出思路		通过"听—想"的方法来想出思路	
	有广泛的兴趣		有深入的兴趣	
	社交活跃,善于表达		喜欢独处,自我克制	
	通过实践或讨论,达到最佳学习效果		通过在脑海里实习,达到最佳学习效果	
	在工作和人际关系上,积极采取主动		当情况对自己非常重要时,会采取主动	

感觉(S)				直觉(N)
	注重当下的事实		注重将来的可能性	
	喜欢从事实际性的工作		喜欢从事创造性的工作	
	专注于微观的东西		专注宏观的东西	
	留意和记得具体细节		只记得与意义相关的细节	
	小心深入地逐步得出结论		凭直觉迅速得出结论	
	通过实际应用去了解理论		先要清楚了解理论,才付诸实行	
	相信经验		相信灵感	

思考(T)				情感(F)
	善于分析		喜欢站在别人角度考虑问题	
	运用因果推理方式作为准则		运用个人的价值观作为准则	
	运用逻辑来解决问题		解决问题考虑对人的影响	
	追求客观真理标准		追求和谐共处和积极的互动	
	讲道理		有同情心	
	能够"硬心肠"		可能会被认为"软心肠"	
	公平意味着让每个人都获得同等待遇		公平意味着每个人都是独一无二的个体	

判断(J)				知觉(P)
	有计划		随性	
	喜欢生活有条理		喜欢生活不受束缚	
	喜欢把事情定下来		喜欢计事情不受约束,可以改变	
	行事制定中长期计划		行事随机应变	
	试图避免"燃眉之急"的压力		从最后关头的压力中得到动力	
	"工作原则":先工作再玩		"玩的原则":先玩再工作	
	把时间看成有限资源,认真对待期限		把时间看成无限资源,认为期限是活的	

4.VIA 优势

VIA（Value In Action）优势是基于积极心理学的研究成果所提出的，经过全球 600 万人的验证。它通过研究指出，每个人都包含 6 大类共 24 项个人优势。每种优势体现在个体身上的强弱程度不同，因此每个人的优势测评结果是自己独一无二的。高中阶段，我们可以用 VIA 优势的方法呈现与众不同的自我陈述。

表 40　VIA 优势列表

精神卓越	欣赏美与卓越	感恩	乐观	幽默	灵性
勇气	勇敢	坚毅	坦诚	热情	—
正义	团队精神	公平	统率	—	—
仁爱	深度交往	社交智慧	友善	—	—
节制	宽容	谦逊	谨慎	自我控制	—
智慧与知识	创意	好奇心	判断力	喜爱学习	洞察力

（1）精神卓越类优势

该大类包含 5 个优势：①欣赏美与卓越，是发现和欣赏周围世界的美好事物的能力。他们欣赏各种各样的事物，如物理环境，某人的能力或某些美德，甚至是有趣的知识。②感恩，是对生活中美好事物感恩的能力。他们会花一些时间，去注意和欣赏发生在自己身上的事情对生活的积极影响，同时很容易表达对他人的谢意。③乐观，乐观是专注于"此时此地"之外的事情的能力。他们对未来有目标，相信它们会实现；当遇到挫折时，能预想到积极的结果和备用计划。④幽默，指的是产生并欣赏当下"轻松一面"的能力。他们喜欢并且擅长在周围的人中引发笑声。⑤灵性，指的是对某些事情有着坚定的信念，以及对某些事物的个人理解。他们因为这些信念，而影响着自身在工作中的意义和目标。

（2）勇气类优势

该大类包含 4 个优势：⑥勇敢，指的是面对困难或威胁会努力从艰难中获得最好的结果。他们会花时间去面对和评估面对挑战时所包含的风险，同时也会对自己的经历负责。⑦坚毅，指的是坚持完成任务的能力。他们即使前进的道路上遇到了挑战，仍然会选择继续朝着目标努力，而不让这些挫折或障碍阻碍自己。⑧坦诚，指的是在展示自己和他人时，更会表现出真实。他们以真实想法和感受去行动和说话，知道自己的价值观是什么，并以此为准则来生活。⑨热情，指的是参与任何活动时所感受到的热情和活力。他们拥有强烈的生命力，拥抱生活带给自己的所有。

（3）正义类优势

该大类包含3个优势：⑩团队精神，指的是对一个团队的归属感和责任感。他们对自己所在的团队表现出强烈的忠诚，在团队中总是努力做出贡献，以达到最好的结果。⑪公平，指的是对自己认为正确事情的强烈感觉，以及按照这些信念行事的愿望。⑫统率，指的是组织和鼓励他人以帮助他们完成目标的能力。他们帮助团队找到最好的路径，也能够保持团队的团结和凝聚力，既可以激励他人进步，也能与团队中的每个成员建立联系。

（4）仁爱类优势

该大类包含3个优势：⑬深度交往，指的是培养和珍惜与他人关系的能力，包括家庭成员、朋友恋人、工作同事。他们把最高的价值放在相互关系和亲密关系上，觉得能同时给予和接受爱。⑭社交智慧，指的是随时注意和理解自己和他人的情绪和意图的能力。他们可以利用这些信息更有效地进行社交，并调节自己的情绪和行为。⑮友善，指的是为别人做事时表现出的准备和热情，而不管他们和你是否亲近。他们相信人是善良的，当为他人付出时，不会寻求任何回报。

（5）节制类优势

该大类包含4个优势：⑯宽容，指的是在犯错后愿意继续前行的意愿，以及想与那个曾经伤害过你的人重归于好的愿望。⑰谦逊，指的是准确认识和评估自己的能力，包括优点、成就、缺点和错误，他们真实地向他人展示自己。⑱谨慎，指的是一种有利于实现未来愿望和长期目标的思维能力和行动方式。他们会考虑并重视未来，喜欢为未来做计划，也乐于思考决定会对哪些事情造成影响，并且善于根据目标调整目前的行为。⑲自我控制，指的是对自己的想法、感受和行动的掌控能力。他们以一种自律的方式生活，并根据情况需要，有能力克服各种不适应并产生与自身的第一倾向相反的适应性行为。

(6) 智慧与知识类优势

该大类包含 5 个优势：⑳ 创意，指的是产生新想法和执行原创行为的偏好。他们擅长创造新鲜事物，能够以对自己和他人有益的方式运用这种力量。㉑ 好奇心，指的是对知识的渴望。他们不断地想要通过钻研遇到的信息和参与新的体验来学到更多。㉒ 判断力，指的是可以从不同的角度考虑事情，并评估各种可用的选项。他们在有新的证据出现时，信念和观点就会变得非常灵活。㉓ 喜爱学习，指的是获得知识或技能的意愿。他们在做这件事时体验到快乐，并对自己取得特定学习成果有信心。㉔ 洞察力，指的是以全局观思考问题的能力。他们善于从不同的角度看待问题，因此别人会欣赏你并常常寻求你的建议。

要提醒大家的是，通过测评我们可以发现自己占据前 5 位的突出优势，但我们每个人都有这 24 种优势，排位靠后的只是说明比较弱势而已，但不代表没有。

(二) 外部世界

高中阶段的外部世界探索主要指向大学、专业、行职业三个方面。当通过自我探索初步定位出一些专业和职业方向后，还是停留在理论层面，我们就需要了解更丰富的信息，以便进一步地确认是否如自己所想，从而为决策提供基础。

1. 大学了解

截至 2019 年 6 月 15 日，全国共有高等院校 2 956 所，其中普通高等院校 2 688 所（含独立学院 257 所）。我们可以从学校层次、学校类型、学校性质、主管部门、学校历史、地理位置、排名情况、学科优势、就业去向等 9 个方面了解。

(1) 学校层次

通常我们所说的一本、二本、三本、高职（专科）院校等，就属于这个范畴，这也是大众较为熟知的概念。虽然已经有省份取消一本、二本的划分，甚至有些地方也取消了三本，但从全国范围来看高校在录取上确实有差异。通俗来讲，就是一本院校的办学质量好于二本院校。

从院校综合实力来看，国内有"985工程"学校39所，"211工程"学校116所、"世界一流大学和世界一流学科"建设高校137所（其中世界一流大学建设学校42所），它们之间互有交叉，但整体而言，代表了国内大学的高水平办学层次。（详细名单参见附录11）

（2）学校类型

通过学校类型，我们可以知道高校的办学特色和优势，如果有明确的专业意向，可以到相应高校就读，如想学政法类专业，就可以选择政法学校，这样毕业后的认可度会更高。一般情况下，我们可以通过学校名称快速分辨其类型：

①综合类高校：表示所有学科门类齐全的高校，如北京大学、复旦大学、南京大学等；②理工类高校：华南理工大学、北京化工大学、南京航空航天大学等；③财经类高校：如中央财经大学、上海财经大学、对外经济贸易大学等；④政法类高校：如中国政法大学、华东政法大学、西北政法大学等；⑤农林类高校：如中国农业大学、西北农林科技大学、南京林业大学等；⑥医药类高校：如首都医科大学、中国药科大学、天津医科大学等；⑦师范类高校：如北京师范大学、南京师范大学、山东师范大学等；⑧语言类高校：如北京外国语大学、上海外国语大学、广东外语外贸大学等；⑨体育类院校：如北京体育大学、上海体育学院、武汉体育学院等；⑩艺术类院校：如中央美术学院、中国戏剧学院、上海音乐学院等。

（3）学校性质

指的是学校属于公办、民办，还是独立学院。公办院校办学主体为国家机构，经费来源为国家政府或地方政府的经费资助；民办院校的办学主体为企业事业组织、社会团体及其他社会组织和公民个人，经费来源为非国家财政性教育经费；独立学院是公办院校与国家机构以外的社会组织或个人合作，用非国家财政性经费办学，可以与母体共享师资力量。即公办是国家在

"养",民办是组织或个人在"养",独立学院是二者的结合。

一般情况下,公办院校办学质量优于民办院校和独立学院,独立学院优于民办学校,但这也不是绝对的。近年来很多民办院校加大了投入,大力引进师资,办学质量逐年提升。费用方面,公办收费最低,民办和独立学院收费较高。

(4)主管部门

指的是学校的上级主管部门是谁,全国高校大部分由教育部、各省(自治区、直辖市)级政府、各省(自治区、直辖市)级教育厅(委员会)主管,但也有部分高校由其他部门主管。通过了解主管单位,我们可以发现学校得到的资源支持,对于未来的就业选择会有一定的帮助。

如防灾科技学院的主管部门是中国地震局,华北科技学院的主管部门是应急管理部,两所学校在二本批次招生,如果知晓主管部门的话,二本学校里选择它们是非常不错的机会。

表41 部分高校主管部门名单(不含教育部、省级和省级教育主管部门)

学校	主管部门	学校	主管部门
北京航空航天大学	工业和信息化部	中国人民公安大学	公安部
北京理工大学		中国人民警察大学	
南京航空航天大学		中国刑事警察学院	
南京理工大学		南京森林警察学院	
哈尔滨工业大学		铁道警察学院	
哈尔滨工程大学		中国青年政治学院	共青团中央
西北工业大学		北京体育大学	国家体育总局
北京协和医院	国家卫生健康委员会	上海海关学院	海关总署
中央民族大学	国家民族事务委员会	外交学院	外交部
大连民族大学		中央司法警官学院	司法部
西南民族大学		中国消防救援学院	应急管理部
中南民族大学		华北科技学院	
西北民族大学		华侨大学	中央统战部
北方民族大学		暨南大学	

(续表)

学校	主管部门	学校	主管部门
中国民航大学	交通运输部（中国民用航空局）	防灾科技学院	中国地震局
中国民用航空飞行学院		中国科学院大学	中国科学院
大连海事大学	交通运输部	中国科学技术大学	
北京电子科技学院	中央办公厅	中国社会科学院大学	中国社会科学院
中华女子学院	中华妇女联合会	中国劳动关系学院	中华全国总工会

（5）学校历史

中华人民共和国成立以来，我国高校经历了两次较大规模的拆分合并，而且随着高等教育走向大众化时代，很多高职（专科）也纷纷升级为本科高校，再加上近年来很多学校掀起的更改校名风潮，搞得大家一头雾水。很多人选择学校时，光看名字已经不知道该校特色在哪里。

如东华大学的前身是中国纺织大学，是位于上海的211高校，这样我们就知道其王牌特色在于纺织类；再看另一所名称极其类似的学校——西华大学，其前身是四川工业学院与成都师范高等专科学校，而四川工业学院是由成都农业机械学院更名而来，故其特色在于农业机械和师范类，而且也不是211高校；此外还有南华大学和北华大学，都不是211高校，分别位于湖南省衡阳市和吉林省吉林市。再比如河南工业大学的前身是郑州粮食学院，安徽工业大学的前身是马鞍山钢铁学院，江苏科技大学的前身是华东船舶工业学院。

还有些学校的名字和其更名前完全是两回事：如湖南科技学院，听起来是一所以理工科见长的学校，但其实来源于零陵师范高等专科学校；如湖南理工学院，更名前是岳阳师范学院。所以，通过了解学校的发展历史可以让我们对此有清晰的认知，从而选出合适的学校。

表42　近两年部分高校更名一览表

更名前	更名后	更名前	更名后
淮海工学院	江苏海洋大学	吉林华桥外国语学院	吉林外国语大学
宁波大红鹰学院	宁波财经学院	安徽工业大学工商学院	马鞍山学院
山东师范大学历山学院	潍坊理工学院	河海大学文天学院	皖江工学院

（6）地理位置

通常情况下，学校地理位置都能在学校的名称中清晰分辨，如上海大学位于上海，湖南大学位于湖南等；但全国有四所本科院校并不在我们看到的以省份命名的省级区域内。如河北工业大学并不在河北，而是在天津；四川外国语大学和四川美术学院并不在四川，而是在重庆；西藏民族大学并不在西藏，而是在陕西咸阳。

此外，还有三所省份命名的高校，并非很多人想象的那样位于省会城市。如河北大学并不在石家庄，而是在保定；江苏大学并不在南京，而是在镇江；河南大学并不在郑州，而是在开封。

（7）排名情况

大学排名，是一种更为综合、直观的方法，可以反映一所大学的名望、声誉、科研实力、学术地位等。如腾讯教育和最好大学网联合发布的首版"中国最好大学排名"、武书连中国大学排行榜等。也可以参考中国大学在国际上的排名，包括国内的"世界大学的学术排名（ARWU）"，以及国外的"QS世界大学排名"、《美国新闻与世界报道》（*UUSNEWS*）世界大学排名、《泰晤士报高等教育增刊》（*The Times Higher*）世界大学排名等。

目前国内并无官方的大学排名，以上排名也都是民间机构组织所进行的研究，大家可以参考。很多在排名上并不靠前的学校，但某些专业实力还是十分强悍的。如上海海洋大学位居武书连2019年中国大学综合排行榜第227位，但其"水产"位列第四轮学科评估结果A+档，"A+"档是当前国内最高的学科评估等级，几乎就可以认为是国内第一集团水平；西南石油大学位居武书连2019年中国大学综合排行榜第174位，但其"石油与天然气工程"位列第四轮学科评估结果A+档；天津工业大学位居武书连2019年中国大学综合排行榜第171位，但其"纺织科学与工程"位列第四轮学科评估结果A+档；南京信息工程大学位居武书连2019年中国大学综合排行榜第81位，但其"大气科学"位列第四轮学科评估A+档。类似情况还有很多，就不一一列举。

（8）学科优势

想要了解一所大学的学科优势，可以参考该学校拥有多少国家重点学科。国家重点学科是国家重点建设和扶持的学科，能够充分体现全国各高校在科研实力、人才培养方面的实力和水平。我们可以通过一所大学所包含的国家重点一级学科和二级学科的数量来判断一所大学的综合水平，还可以通过一所大学重点学科的分布来判断学校在某个具体学科上的优势。比如想报考法学专业的同学就可以看看哪些大学的法学专业属于国家重点学科。

（9）就业去向

很多家长选择学校时也会考虑将来的就业方向，这个我们可以通过学校就业质量报告看到具体的情况。一般来讲，包括整体毕业生概况、深造学习情况、就业单位行业分布、就业单位地域分布、就业单位性质分布等情况。如果毕业生分布的就业或学习情况比较典型，而这又是我们想要的方向，就可以考虑该所学校。

2. 专业了解

根据教育部发布的《普通高等学校本科专业目录（2012年）》显示，全国本科专业共有12个学科门类（不包含军事学），92个大类，具体包括506个专业。随着社会的发展，教育部每年都会更新专业的设置，如近些年的机器人工程、智能科学与技术、智能制造工程、人工智能等，大家可关注教育部每年的更新信息。我们可以从选考要求、学科排名、就业前景、培养方向、课程设置、特殊要求等方面进行了解。

（1）选考要求

这是新高考改革后，高校专业会对学生在高中阶段选择的具体科目提出要求，即在物理、化学、生物、政治、历史、地理6门中符合学校的要求才可以报考（浙江还包括技术）。具体要求，大家可以查看改革省市的教育考试院官网公布的选科要求。如果不符合要求，无论成绩如何都是不能被录取的。

（2）学科排名

与大学排名没有官方统一的标准不同，专业排名则有官方的学科评估可供参考。2017年底，教育部学位与研究生教育发展中心公布了第四轮学科评估结果，涵盖了12个门类下面的92个专业大类，大家可登录"中国学位与研究生教育信息网"查看具体结果。以心理学为例，评估结果如下：

表43　第四轮学科评估结果（心理学）

A+	北京大学	B+	天津师范大学	B	首都师范大学
	北京师范大学		南京师范大学		辽宁师范大学
	华南师范大学		浙江大学		上海师范大学
A-	华东师范大学		华中师范大学		山东师范大学
	西南大学		陕西师范大学		空军军医大学
B-	东北师范大学	C+	苏州大学	C	贵州师范大学
	浙江师范大学		福建师范大学		广州大学
	江西师范大学		深圳大学	C-	吉林大学
	中南大学		西北师范大学		北京体育大学
	湖南师范大学	C	内蒙古大学		曲阜师范大学
	中山大学		杭州师范大学		河北师范大学
C-	清华大学		河南大学		安徽医科大学

（3）就业前景

某个专业未来对应的职业都有哪些？这些职业都是做什么的？可以去哪些行业？对这些职业或者行业我们是否感兴趣？未来的发展前景如何……这些与就业息息相关的问题在选择专业时都要慎重考虑。如果一个学生大学本科选择金融学专业，希望毕业后进入银行工作，那么未来该学生实现就业理想的概率就很大。如果该生希望毕业后从事教师职业，专业对其未来的职业发展的帮助性就没那么直接。所以，如果我们已经有了既定的职业目标，就要更加有意识地把专业和职业联系起来。

（4）培养方向

每个专业都有对本专业学生的培养目标和培养要求。这意味着经过大学四年的学习之后，我们可以据此清晰地知道自己应该具备何种专业素养，掌握哪些专业能力。此外，同一个学科，不同学校有不同的专业设置方向。如清华大学心理学系在积极心理学研究和推广方面成果斐然；北京师范大学则在脑与认知科学研究领域首屈一指。

（5）课程设置

它能够让我们清晰地看到，选择了某个专业之后，未来四年的学习中，需要攻克的学习内容。同时，可以大致了解，高中阶段学好哪些科目会为未来的专业学习打下良好基础。假设我们对经济学类比较感兴趣，那么高中阶段数学要学好；想要学习建筑学，则要有较好的美术功底等。要想知道该专业的专业课程设置，我们可以在各个大学的官网上搜索专业详细的学习内容，包括该专业开设的公共基础课、学科基础课、专业主干课等。

（6）特殊条件

有些专业由于性质比较特殊，对考生有特别要求。在选择专业时要千万留意，所选择的专业有没有特殊要求。如体育学类、音乐类、艺术类等专业大多对身高、外在形象都有一定的要求；播音与主持艺术专业还要求发音器官无疾病，无色盲、夜盲；美术类则要求无色弱、色盲等；航海类要求很好的视力。

3. 行业了解

行业是围绕某个核心业务知识体系的一系列不同生产单位的集合，如金融行业、教育行业、汽车行业、能源行业、医疗行业、房地产行业、广告行业等。一般情况下，我们可以从以下几个方面了解。

（1）市场型行业

包括零售、食品、快速消费品等。该类行业管理培训生（MT）较有发展，待遇较高。典型企业有：沃尔玛、宝洁、联合利华、强生、卡夫、蒙牛等。

（2）高技术型行业

包括计算机、软件、通信、网络、微电子、运营商、电力设备、自动控制等。该类行业是当下的趋势性行业。典型企业有：华为、微软、谷歌、IBM、大唐、中兴、中软、通用电气、施耐德、ABB等。

（3）资本型行业

包括银行、投资、证券、基金、保险等。该类行业是当下的趋势性行业。该类行业高收入高压力，要求名校高学历。典型企业有：中国银行、招商银行、国泰君安、南方基金、中投证券、平安集团等。

（4）资源型行业

包括石油、发电、采矿、石化等。该类行业是当下的趋势性行业。该类行业收入高，但工作艰苦。典型企业有：中石油、中石化、中海油、壳牌、埃克森美孚、五矿集团、必和必拓、拜耳等。

4.地域了解

不同地域代表了不同的文化和产业集群，所以选择学校时，地域也是大家要关注的一个因素。如上海的金融产业、长春的汽车产业、武汉的光谷产业、深圳的互联网和通信产业等。大家未来有较明确的意向，可以关注报考学校所在地域是否有相应的产业发展，这代表了大学期间的实习及未来就业的机会。地区选择的一般策略是：首选一线城市，然后是省会副省会城市，再次是离家近或有资源的城市。

二、高中三年日程安排

综合评价升学的准备不应该是到高三报名时才开始的，正如选科要在高一完成一样，综合评价入学也应该从高一开始，围绕着要填写的三年综合素质评价档案的内容来认真准备。

（一）高一准备事项

高一阶段，学生需要进行系统的自我探索，包括兴趣、多元智能、性格、优势等个人特质，并根据结果初步定位专业方向，从而确定选考科目组合类别。并按照时间节点，提交第一、第二学期的自我介绍材料。同时围绕初步确定的专业方向，选择学校的选修课程、研究性课程，以及志愿者活动等。建议在高一升高二的暑假，就要开始思考研究性学习课题的方向，并着手准备，为高二撰写报告并参加科创大赛等比赛打好基础。

表 44　高一日程安排参考表（具体按照学校统一安排执行）

阶段	时间		常见内容安排
高一	09 月		适应高中，开启生涯教育
	10 月		生涯自我认知：兴趣、多元智能、MBTI、VIA 优势
	11 月		第一学期期中考试
	12 月		初步认识与了解大学、筛选专业方向
	01 月		第一学期期末考试
	02 月	寒假	了解选科规则，准备高一上学期综合素质评价档案材料
		开学	网上提交高一上学期综合素质评价档案材料（具体时间按照学校要求统一进行）
	03 月		了解教育部认可的竞赛情况，并选择适合自己的比赛备战
	04 月		第二学期期中考试
	05 月		确定选考组合（自我认识—专业了解—选科要求—学习成绩—学校特色）
	06 月		第二学期期末考试
	07 月		准备高一下学期综合素质评价档案材料（自我陈述、志愿者活动、职业体验等）
	08 月		着手启动研究性课题报告（课题研究指导）

（二）高二准备事项

高二阶段，学生主要有两大任务：一是完成研究性学习任务，有条件的同学可以参加全国青少年科技创新大赛，要注意的是要围绕专业大类开展课题研究，注意学术规范和研究方法；二是进行研学活动，到大学、企业实际体验感受，确认初步定位的专业是否如自己所想。

此外，大家还可以根据个人爱好，参加教育部认可的面向高中生群体的全国性竞赛活动（名单可查看附录 12）。2019 年，共有 28 项竞赛面向高中生，包括作文、英文演讲、数理化生机奥赛、天文地理知识竞赛、绘画、书法、摄影等领域，在这些方面有特长的同学可以报名参加，并努力争取在竞赛和活动中获得奖项，为综合评价入学增添砝码。

表 45　高二日程安排参考表（具体按照学校统一安排执行）

阶段	时间		常见内容安排
高二	09 月		提交高一下学期综合素质评价档案材料（具体时间按照学校要求统一进行）
	10 月		进一步认识与了解大学专业，参加研学活动，进一步聚焦专业意向
	11 月		第一学期期中考试
	12 月		准备参加省级"青少年科技创新大赛"作品，撰写研究课题报告
	01 月		第一学期期末考试，参加合格考考试（具体时间按照学校要求统一进行）
	02 月	寒假	准备高二上学期综合素质档案材料，完善研究课题报告
		开学	提交高二上学期综合素质评价档案材料（具体时间按照学校要求统一进行）
	03 月		参加省级"青少年科技创新大赛"
	04 月		第二学期期中考试
	05 月		部分科目等级性考试（上海市）
	06 月		第二学期期末考试、高校暑期夏令营报名
	07 月		准备高二下学期综合素质评价档案材料；参加全国"青少年科技创新大赛"、暑期夏令营等活动
	08 月		预估自身高考定位；参加课题报告在线认证（上海）

（三）高三准备事项

高三阶段，大家经过前期的认真准备，基本上确定了所要学习的专业（类）及院校层次，这时最重要的事情就是静心复习迎战高考，按照学校的统一时间安排即可。当然，有意向参加春季高考和高职（大专）院校提前招生的同学，也要注意时间节点。除了学习之外，大家可以在高三的寒假期间进行模拟面试的准备，进一步夯实综合评价入学的基础。

表 46　高三日程安排参考表（具体按照学校统一安排执行）

阶段	时间	常见内容安排
高三	09 月	摸底考，提交高二下学期综合素质评价档案材料（具体时间按照学校要求统一进行）
	10 月	完成自我陈述的总报告初稿，招飞报名
	11 月	高考报名，期中考试

（续表）

阶段	时间		常见内容安排
高三	12 月		艺术类统考，上海纽约大学、昆山杜克大学本科招生网上报名即将截止
	01 月		提交高三综合素质评价档案材料，合格性考试、期末考试
	02 月		艺术类专业校考，填报春考志愿、准备春考面试（上海）
	03 月		高考体检（具体时间按照学校要求统一进行）
	04 月		综合评价招生报名开始、强基计划招生开始
	05 月		学业水平等级考试（上海），各高校招生咨询会，综合评价报名结束
	06 月	中上旬	高考，综合评价招生院校测试，公安政法／军事类院校报名
		下旬	高考成绩查询，各类成绩信息公布、填报志愿
	07 月		填报本科各批次志愿及录取
	08 月		填报高职（专科）类院校志愿及录取

上述事项基本涵盖了高中三年的主要日程，当然以上时间安排都不是绝对不变的，如研学和参加各类竞赛也可以在高一进行，大家可以参照自己所在地区的高中阶段实际情况进行调整。

三、综合评价入学模型

行文至此，相信大家已经对综合评价招生的来龙去脉和准备事项有了深入的了解。即需要把握好三大环节：生涯规划、三年综合素质评价档案、高校面试。

生涯规划是核心和战略方向，通过自我认知和外部信息的了解，帮助我们科学定位努力方向和目标；若不重视生涯的基础，则可能会陷入南辕北辙的地步。高中三年的综合素质评价档案是基础和战术执行，用书中提到的方法来准备自我陈述、研究性学习项目、实践活动、竞赛活动等，呈现较为完整的过程性资料；若只谈生涯而不重视三年档案材料的准备，则可能会陷入头重脚轻的地步。生涯和档案都是作为综合评价招生的前置基础，面试则是最终的表现形式，通过与面试官的沟通与交流，把三年储备很好地表现出来，就可以让我们获得很好的分数；若不重视面试的准备，则可能陷入"全场压制但临门一脚乏力"的地步。

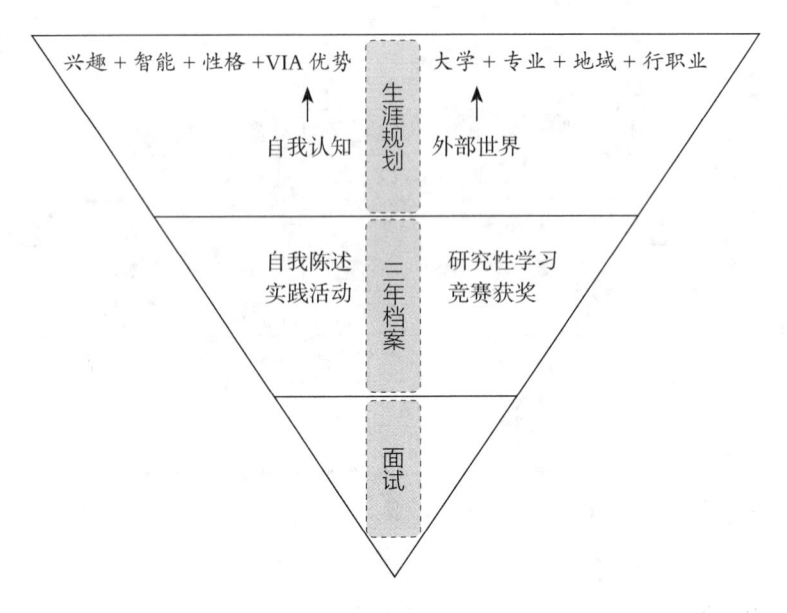

图8 综合评价入学指导模型

我们既不能头重脚轻，也不要南辕北辙，更不能临门乏力，这三大环节层层递进，缺一不可。这既是综合评价入学的要求，也是高考改革后高校招生的趋势和方向。

衷心祝愿大家在新高考改革中，找到适合自己的升学路径，顺利进入心仪的大学深造！

附录

附录1　2019年综合评价招生院校名单（99所）

➢ 面向全国招生院校（3所）		
北京大学博雅计划	清华大学领军计划	上海纽约大学
➢ 面向全国部分地区招生院校（12所）			
北京外国语大学	南方科技大学	上海科技大学	昆山杜克大学	深圳北理莫斯科大学
中国科学院大学	香港中文大学（深圳）	浙江大学	复旦大学	上海交通大学
西交利物浦大学	中南大学	——		

- **北京外国语大学**：2019年面向北京、天津、河北、山西、内蒙古、辽宁、吉林、黑龙江、上海、江苏、浙江、安徽、福建、江西、山东、河南、湖北、湖南、广东、重庆、四川、陕西等22省市区综评招生
- **南方科技大学**：2019年面向北京、河北、山西、内蒙古、辽宁、上海、江苏、浙江、安徽、福建、江西、山东、河南、湖北、湖南、广东、广西、重庆、四川、贵州、云南、陕西共22省市区综评招生
- **上海科技大学**：2019年面向北京、上海、山东、江苏、浙江、江西、福建、河南、四川、贵州、云南、辽宁、天津、湖北、陕西、湖南、甘肃等17个省市综评招生
- **昆山杜克大学**：2019年面向北京、天津、河北、上海、江苏、浙江、安徽、山东、河南、湖北、湖南、广东、重庆、四川、陕西等15省市综评招生
- **深圳北理莫斯科大学**：2019年面向北京、广东、山东、安徽、福建、陕西、湖南、黑龙江、四川、河南、河北、湖北、山西、江西共14个省市综评招生
- **中国科学院大学**：2019年面向北京、山东、江苏、浙江、陕西、湖南、四川7个省市综评招生
- **香港中文大学（深圳）**：2019年面向山东、上海、浙江、广东、江苏、福建6个省市综评招生
- **浙江大学**：2019年面向山东、上海、浙江、广东4个省市综评招生
- **复旦大学**：2019年面向浙江、上海2个省市综评招生
- **上海交通大学**：2019年面向浙江、上海2个省市综评招生
- **西交利物浦大学**：2019年面向江苏、广东2个省综评招生
- **中南大学**：2019年面向湖南、云南2个省综评招生

综合评价招生

➢ 只面向浙江省招生院校（50所）

中国美术学院	浙江工业大学	浙江师范大学	宁波大学	杭州电子科技大学
浙江工商大学	温州医科大学	浙江海洋大学	浙江农林大学	浙江中医药大学
中国计量大学	浙江万里学院	浙江科技学院	浙江财经大学	嘉兴学院
杭州师范大学	湖州师范学院	绍兴文理学院	台州学院	温州大学
浙江外国语学院	宁波工程学院	衢州学院	浙江警察学院	浙江水利水电学院
杭州医学院	丽水学院	浙江音乐学院	浙江大学城市学院	
浙江大学宁波理工学院		宁波财经学院	宁波大学科学技术学院	
杭州电子科技大学信息工程学院		中国计量大学现代科技学院		温州肯恩大学
浙江中医药大学滨江学院		浙江财经大学东方学院		宁波诺丁汉大学
上海财经大学浙江学院		杭州师范大学钱江学院		同济大学浙江学院
浙江工业大学之江学院		浙江越秀外国语学院		温州大学瓯江学院
绍兴文理学院元培学院		温州医科大学仁济学院		金华职业技术学院
浙江树人学院	温州商学院	中国科学技术大学	——	

➢ 只面向江苏省招生院校（13所）

南京大学	东南大学	南京师范大学	南京医科大学	南京中医药大学
南京邮电大学	南京林业大学	南京工业大学	江苏大学	南京信息工程大学
江苏师范大学	扬州大学	南通大学	——	

➢ 只面向山东省招生院校（9所）

山东大学	中国海洋大学	山东师范大学	山东科技大学	山东财经大学
青岛大学	青岛科技大学	中国石油大学（华东）	哈尔滨工业大学（威海）	

➢ 只面向上海市招生院校（8所）

同济大学	华东师范大学	上海外国语大学	上海财经大学	上海中医药大学
华东理工大学	东华大学	上海大学	——	

➢ 只面向广东省招生院校（3所）

中山大学	华南理工大学	北京师范大学—香港浸会大学联合国际学院

➢ 只面向辽宁省招生院校（1所）

东北大学	——

附录2　2020年强基计划试点高校名单（36所）

北京大学	清华大学	中国人民大学	北京理工大学	北京航空航天大学
北京师范大学	中国农业大学	中央民族大学	南开大学	天津大学
大连理工大学	吉林大学	哈尔滨工业大学	复旦大学	同济大学
上海交通大学	华东师范大学	南京大学	东南大学	浙江大学
中国科学技术大学	厦门大学	山东大学	中国海洋大学	武汉大学
华中科技大学	中南大学	中山大学	华南理工大学	四川大学
电子科技大学	重庆大学	西安交通大学	西北工业大学	兰州大学
国防科技大学				

附录3 2019年高校专项计划招生院校名单（95所）

北京大学	清华大学	中国人民大学	北京交通大学	北京科技大学
北京化工大学	北京邮电大学	中国农业大学	中国政法大学	华北电力大学
北京林业大学	北京中医药大学	北京师范大学	北京外国语大学	北京语言大学
中国传媒大学	中央财经大学	对外经济贸易大学	北京航空航天大学	北京理工大学
北京工业大学	中国地质大学（北京）	中国矿业大学（北京）	中国石油大学（北京）	南开大学
天津大学	复旦大学	同济大学	上海交通大学	华东理工大学
东华大学	华东师范大学	上海外国语大学	上海财经大学	上海大学
南京大学	东南大学	苏州大学	南京师范大学	南京航空航天大学
南京理工大学	中国矿业大学	河海大学	江南大学	南京农业大学
中国药科大学	浙江大学	中国科学技术大学	合肥工业大学	厦门大学
福州大学	山东大学	中国海洋大学	中国石油大学（华东）	大连理工大学
大连海事大学	东北大学	吉林大学	东北师范大学	东北林业大学
哈尔滨工业大学	哈尔滨工程大学	黑龙江大学	武汉大学	华中科技大学
中南财经政法大学	中国地质大学（武汉）	武汉理工大学	华中农业大学	华中师范大学
湖南大学	中南大学	湖南师范大学	中山大学	华南理工大学
重庆大学	西南大学	四川大学	西南交通大学	电子科技大学
西南财经大学	西南政法大学	四川农业大学	西安交通大学	西安电子科技大学
西北工业大学	陕西师范大学	长安大学	西北农林科技大学	西北大学
兰州大学	郑州大学	贵州大学	云南大学	广西大学

附录4 2019年招收高水平艺术团院校名单（48所）

2019年招生院校（48所）					
北京大学	中国人民大学	清华大学	北京交通大学	北京航空航天大学
北京理工大学	北京师范大学	中国政法大学	北京科技大学	北京化工大学
北京邮电大学	北京林业大学	中国农业大学	北京中医药大学	对外经济贸易大学
南开大学	天津大学	吉林大学	哈尔滨工业大学	上海财经大学
复旦大学	同济大学	上海交通大学	华东师范大学	东华大学
南京大学	东南大学	河海大学	南京理工大学	南京农业大学
南京航空航天大学	中国药科大学	浙江大学	武汉大学	华中科技大学
华中农业大学	湖南大学	中南大学	中山大学	重庆大学
西南交通大学	电子科技大学	西安交通大学	西北工业大学	西北农林科技大学
长安大学	中国地质大学（北京）		中国地质大学（武汉）	

附录5 2019年招收高水平运动队院校名单（287所）

北京大学	中国人民大学	清华大学	北京交通大学	北京科技大学
中国石油大学（北京）	北京邮电大学	华北电力大学	北京化工大学	中国农业大学
北京林业大学	北京中医药大学	北京师范大学	北京外国语大学	对外经济贸易大学
中央财经大学	中国政法大学	中央民族大学	北京理工大学	北京航空航天大学
北京联合大学	北京工业大学	北方工业大学	首都师范大学	首都经济贸易大学
北京石油化工学院	中国地质大学（北京）	北京吉利学院	北京舞蹈学院	中国民航大学
南开大学	天津大学	天津工业大学	天津科技大学	天津理工大学
天津医科大学	天津师范大学	天津外国语大学	天津财经大学	天津商业大学
天津城建大学	燕山大学	河北工程大学	河北农业大学	河北师范大学
河北地质大学	河北传媒学院	山西大学	太原理工大学	中北大学
大同大学	山西医科大学	山西师范大学	山西财经大学	太原师范学院
内蒙古大学	内蒙古科技大学	内蒙古科技大学包头医学院	内蒙古工业大学	内蒙古农业大学
内蒙古师范大学	呼伦贝尔学院	大连理工大学	东北大学	辽宁大学
大连大学	沈阳理工大学	沈阳工业大学	沈阳建筑大学	沈阳师范大学
辽宁石油化工大学	大连交通大学	沈阳化工大学	辽宁师范大学	东北财经大学
大连艺术学院	大连海事大学	吉林大学	东北师范大学	延边大学
北华大学	吉林农业大学	东北电力大学	吉林化工学院	长春工程学院
长春师范大学	东北林业大学	哈尔滨工业大学	哈尔滨工程大学	黑龙江大学
齐齐哈尔大学	哈尔滨理工大学	东北石油大学	东北农业大学	哈尔滨师范大学
哈尔滨商业大学	复旦大学	同济大学	上海交通大学	华东理工大学
东华大学	华东师范大学	上海外国语大学	上海财经大学	上海大学
上海理工大学	上海海事大学	上海工程技术大学	上海海洋大学	上海中医药大学
华东政法大学	上海立信会计金融学院	上海电力大学	上海对外经贸大学	南京大学
东南大学	中国矿业大学（徐州）	河海大学	江南大学	南京农业大学

中国药科大学	南京理工大学	南京航空航天大学	苏州大学	扬州大学
江苏大学	南京邮电大学	南京工业大学	南京师范大学	江苏师范大学
南京财经大学	南通大学	南京信息工程大学	苏州科技大学	浙江大学
宁波大学	浙江工业大学	浙江理工大学	浙江中医药大学	浙江师范大学
浙江工商大学	浙江财经大学	中国美术学院	合肥工业大学	中国科学技术大学
安徽大学	安徽工业大学	安徽工程大学	安徽师范大学	安徽建筑大学
合肥学院	厦门大学	华侨大学	集美大学	福州大学
福建师范大学	厦门理工学院	南昌大学	华东交通大学	南昌航空大学
江西师范大学	江西财经大学	井冈山大学	江西科技师范大学	赣南师范大学
山东大学	中国海洋大学	青岛大学	山东科技大学	山东理工大学
聊城大学	青岛科技大学	济南大学	山东农业大学	山东中医药大学
山东师范大学	鲁东大学	曲阜师范大学	山东财经大学	齐鲁工业大学
中国石油大学（华东）	青岛理工大学	郑州大学	河南大学	河南理工大学
河南师范大学	河南财经政法大学	武汉大学	江汉大学	华中科技大学
武汉理工大学	中国地质大学（武汉）	华中农业大学	华中师范大学	湖北中医药大学
湖北大学	三峡大学	武汉科技大学	湖北工业大学	中南民族大学
武汉轻工大学	湖北经济学院	中南大学	湖南大学	湘潭大学
长沙理工大学	南华大学	湖南工业大学	湖南商学院	湖南农业大学
湖南师范大学	湘南学院	湖南人文科技学院	中南林业科技大学	国防科学技术大学
中山大学	华南理工大学	暨南大学	深圳大学	广东工业大学
华南农业大学	华南师范大学	广州大学	韩山师范学院	广东财经大学
汕头大学	广西大学	桂林电子科技大学	广西师范大学	广西民族大学
广西中医药大学	广西师范学院	海南大学	海南师范大学	海南热带海洋学院
重庆大学	西南大学	重庆邮电大学	重庆师范大学	重庆工商大学
西南政法大学	重庆科技学院	重庆文理学院	四川大学	西南交通大学
电子科技大学	西南财经大学	四川师范大学	西华大学	成都中医药大学
西华师范大学	西南石油大学	西南科技大学	成都学院	贵州大学
贵州师范大学	云南大学	云南农业大学	昆明理工大学	云南师范大学
云南财经大学	西安交通大学	长安大学	西安电子科技大学	西北农林科技大学
陕西师范大学	西北工业大学	西安理工大学	西安建筑科技大学	西安工业大学

综合评价招生

西安邮电大学	西安财经学院	西北大学	兰州大学	西北民族大学
兰州交通大学	甘肃政法学院	西北师范大学	青海师范大学	青海民族大学
北方民族大学	宁夏大学	新疆大学	石河子大学	新疆农业大学
新疆师范大学	新疆财经大学	——		

附录6　2019年军队招生院校名单（27所）

国防科技大学	陆军工程大学	陆军步兵学院	陆军装甲兵学院	陆军炮兵防空兵学院
陆军特种作战学院	陆军边海防学院	陆军防化学院	陆军军医大学	陆军军事交通学院
陆军勤务学院	海军工程大学	海军大连舰艇学院	海军潜艇学院	海军航空大学
海军军医大学	空军工程大学	空军航空大学	空军预警学院	空军军医大学
火箭军工程大学	战略支援部队航天工程大学		战略支援部队信息工程大学	
武警工程大学	武警警官学院	武警特种警察学院	武警海警学院	——

附录7 2019年港澳台高校招生院校名单（113所）

香港高校内地招生名单（15所）					
香港中文大学	香港城市大学	香港大学	香港科技大学	香港理工大学
香港浸会大学	岭南大学	香港教育大学	香港树仁大学	香港公开大学
香港演艺学院	珠海学院	香港恒生大学	东华学院	香港高等教育科技学院
澳门高校内地招生名单（6所）				
澳门大学	澳门理工学院	澳门科技大学	旅游学院	澳门镜湖护理学院
澳门城市大学	——			
台湾高校大陆招生名单（92所）				
公立台湾海洋大学	公立台北大学	公立台湾艺术大学	辅仁大学	淡江大学
真理大学	圣约翰科技大学	景文科技大学	东南科技大学	醒吾科技大学
公立政治大学	公立台湾大学	公立台湾师范大学	公立阳明大学	公立台湾科技大学
公立台北艺术大学	东吴大学	公立台北教育大学	公立台北商业大学	公立台湾戏曲学院
公立台北科技大学	中国文化大学	世新大学	铭传大学	实践大学
大同大学	台北医学大学	中国科技大学	公立宜兰大学	佛光大学
公立中央大学	公立体育大学	中原大学	长庚大学	元智大学
龙华科技大学	开南大学	长庚科技大学	公立清华大学	公立交通大学
中华大学	玄奘大学	明新科技大学	公立联合大学	公立中兴大学
公立台中教育大学	公立勤益科技大学		公立台中科技大学	东海大学
逢甲大学	静宜大学	朝阳科技大学	中山医学大学	中国医药大学
岭东科技大学	中台科技大学	亚洲大学	修平科技大学	公立彰化师范大学
公立云林科技大学	大叶大学	公立虎尾科技大学	公立暨南国际大学	公立嘉义大学
公立中正大学	南华大学	公立成功大学	公立台南艺术大学	公立台南大学
南台科技大学	昆山科技大学	长荣大学	台南应用科技大学	台湾首府大学
中信金融管理学院	公立中山大学	公立高雄师范大学	公立高雄大学	公立高雄科技大学
义守大学	高雄医学大学	树德科技大学	文藻外语大学	东方设计大学
公立屏东科技大学	公立屏东大学	公立东华大学	慈济大学	公立台东大学
公立金门大学	铭传大学（金门校区）		公立台湾体育运动大学	

来源：教育部、海峡两岸招生服务中心

附录 8　不同地区等级赋分规则汇总表

> 上海市等级赋分规则（11档差30分，每档3分）

等级	A+	A	B+	B	B−	C+	C	C−	D+	D	E
比例	5%	10%	10%	10%	10%	10%	10%	10%	10%	10%	5%
分数	70	67	64	61	58	55	52	49	46	43	40

> 浙江省等级赋分规则（21档差60分，每档3分）

等级	1	2	3	4	5	6	7	8	9	10
比例	1%	2%	3%	4%	5%	6%	7%	8%	7%	7%
分数	100	97	94	91	88	85	82	79	76	73
等级	11	12	13	14	15	16	17	18	19	20	21
比例	7%	7%	7%	7%	6%	5%	4%	3%	2%	1%	1%
分数	70	67	64	61	58	55	52	49	46	43	40

> 北京市等级赋分规则（21档差60分，每档3分）

等级	A1	A2	A3	A4	A5	B1	B2	B3	B4	B5
比例	1%	2%	3%	4%	5%	7%	8%	9%	8%	8%
分数	100	97	94	91	88	85	82	79	76	73
等级	C1	C2	C3	C4	C5	D1	D2	D3	D4	D5	E
比例	7%	6%	6%	6%	5%	4%	4%	3%	2%	1%	1%
分数	70	67	64	61	58	55	52	49	46	43	40

> 天津市等级赋分规则（21档差60分，每档3分）

等级	A^{5+}	A^{4+}	A^{3+}	A^{2+}	A	B^{5+}	B^{4+}	B^{3+}	B^{2+}	B
比例	2%	3%	4%	5%	6%	7%	7%	7%	7%	7%
分数	100	97	94	91	88	85	82	79	76	73
等级	C^{5+}	C^{4+}	C^{3+}	C^{2+}	C	D^{5+}	D^{4+}	D^{3+}	D^{2+}	D	E
比例	6%	6%	6%	6%	6%	5%	4%	3%	1%	1%	1%
分数	70	67	64	61	58	55	52	49	46	43	40

➢ 山东省等级赋分规则（8档差80分，等比例换算）

等级	A	B+	B	C+	C	D+	D	E
比例	3%	7%	16%	24%	24%	16%	7%	3%
分数	91-100	81-90	71-80	61-70	51-60	41-50	31-40	21-30

➢ 江苏/辽宁/河北/福建/湖南/湖北/重庆的赋分规则（5档差70分，等比例换算）

等级	A	B	C	D	E
人数比例	约15%	约35%	约35%	约13%	约2%
赋分区间	100-86	85-71	70-56	55-41	40-30

附录9 上海市2019年普通高等学校招生院校专业组目录（样表）

院校专业组代码	科目要求	专业代码	院校专业组及专业名称	学制	计划数	收费标准	备注
A大学					264		
1431	物理		A大学（1）		89		
		01	建筑学	5	7	6000	
		02	城乡规划	4	8	5500	
		03	历史建筑保护工程	4	15	5500	
		……	……		……	……	
		13	机械类	4	22	10000	中外合作
		14	工科实验班	4	10	5000	机械能源类
1432	物理化学		A大学（2）		77		
		01	理科实验班	4	6	5000	化学类
		02	临床医学	8	10	6000	8年制
		……	……		……	……	
		11	康复治疗学	4	8	5000	老年护理方向
1433	不限		A大学（3）		98		
		01	新闻传播学	4	20	5000	
		02	德语	4	1	7000	
		……	……		……	……	
		16	人文社会科学实验班	4	4	5000	管理学类
B大学					803		
1511	政治历史地理		B大学（1）		155		
		01	新闻学	4	11	6500	
		02	法学	4	12	6500	
		03	社会学	4	8	5000	
		04	英语	4	12	5000	
		……	……		……	……	
		12	汉语言文学	4	20	5000	
		13	古典文献学	4	17	5000	

综合评价招生

1512	不限		B 大学（2）		648		
		01	金融学	4	34	5000	中外合作办学
		02	广告学	4	9	15000	
		……	……	……	……	……	
		17	管理科学	4	32	14500	东方管理
		18	劳动与社会保障	4	50	5000	

来源：上海市教育考试院

附录10　高中研究性学习课题报告范例

完美主义成因分析及与考试焦虑的相关性研究
——以上海市部分重点高中学生为例[①]

作者：李怡赟　孙于齐　　指导教师：秦青
学校：上海市卢湾高级中学

【摘要】使用中文Frost多维度完美主义问卷和考试焦虑问卷（TAI），对524名重点高中学生进行问卷调查，以由Cheng等人所翻译的中文完美主义问卷和由Spielberger编制、叶仁敏修订的考试焦虑量表（TAI）为测量工具。研究结果表明，重点高中学生完美主义在性别、年级、学习成绩、父亲学历和母亲学历上存在显著性差异（$P<0.05$，$P<0.001$，$P<0.001$，$P<0.05$，$P<0.05$）[②]；重点高中学生的考试焦虑与完美主义的担心出错、个人标准、父母期望、行动疑惑四个维度上有非常显著的正相关（$P<0.01$），其中担心出错、父母期望、行动疑惑最高（$P<0.001$）。在完美主义总分有着显著的正相关（$P<0.01$），与条理性则存在负相关，但不显著（$P>0.05$）。

【关键词】高中生　完美主义　考试焦虑

一、引言

（一）研究背景

作为高中生，经常会出现希望考好又怕考砸的想法，这种对考试结果无

[①] 本课题报告已征得作者授权，笔者经整理后公开发表。
[②] $P>0.05$，表示差异水平不显著；$P<0.05$，表示差异水平显著；$P<0.01$，表示差异水平极其显著。

法预知的处境同样使学习压力增加。据观察，思维缜密、计划充分，具有追求完美目标的学生往往考试焦虑更高，成绩也会相对优异。那么，高中生完美主义人格究竟具体存在哪些成因呢？完美主义与考试焦虑之间在重点高中学生群体中究竟有着怎样的相关性呢？在此背景之下，开始了本课题的研究。

（二）概念界定

1. 完美主义

中文Frost将完美主义定义为一种为成就设置过高的标准，同时伴随过度苛刻的自我评价的倾向，可以表现为担心出错、行动疑虑、个人标准、条理性、父母期望五个维度。担心出错指个体对错误的消极反应，以及将错误等同于失败的倾向，认为失败就意味着会失去他人对自己的尊重，害怕犯错误；行动疑虑指人们怀疑自己完成任务能力的程度而延迟做事；个人标准指个体设置了超乎自身能力范围外的高标准，进行自我评价时过度依赖这些高标准；条理性指个体想使物体整齐、有条理、有秩序、有组织的倾向；父母期望是指个体认为父母为自己设置高标准的倾向。几乎每个人都有不同程度完美主义倾向，一个完美主义者，往往具有很强的自尊心、上进心，在学习、生活各个方面对自己要求都很高。

2. 考试焦虑

考试焦虑是考生中常见的一种以担心、紧张或忧虑为特点的复杂而延续的情绪状态。引起考试焦虑的两种因素：一是主观因素，即自我期待过高、知识准备和应试技能不足、自信心不足、自尊心强、考前身体状况不好等。二是客观因素，即父母的过高期望、老师的压力、学生之间的竞争等。

（三）课题假设

1. 市重点高中学生完美主义倾向高于区重点学生；成绩越优异的学生完美主义倾向高于成绩一般、较差的学生；高年级学生比低年级学生思维更加缜密，条理性更强；在学校，班级中担任干部的学生更加追求完美。

2. 父母学历越高，对孩子期望值越大，孩子的个人标准越高，更担心出错，容易形成完美主义人格。

3. 完美主义与考试焦虑之间存在相关性，且相关性显著。

二、研究方法

（一）研究对象

本课题调查了上海市市重点高中与区重点高中的学生，市重点高中学生共 481 名，区重点高中学生共 43 名。高一学生共 383 名，高二学生共 114 名，高三学生共 27 名。男生共 246 名，女生共 278 名。

（二）研究方法

本研究主要采用文献法、问卷法。

（三）研究工具

本研究由两部分问卷组成。第一部分采用《考试焦虑问卷（TAI）》，由 Spielberger 编制、叶仁敏修订。该量表包括指导语、20 道试题及使用说明组成。要求被试报告他们在考试之前、之中、之后所经历的怎样程度的焦虑体验，并且测定在考试情境中焦虑倾向的个别差异。该测验是以总分的形式来评定焦虑水平的，20—48 分属于正常标准；49—56 分属于轻度考试焦虑范围；57—63 分属于中度考试焦虑范围；64—80 分属于重度考试焦虑范围。80 分以上表明该被试的的确确感到考试带来的相当程度的不适感。

第二部分采用的是《中文 Frost 多维度完美主义问卷》，由 Cheng 等人翻译的中文 FMPS，该问卷曾以相关青少年（13—18 岁）作为样本进行了信效度检验，与本课题的研究对象年龄相符。由因素分析得出 5 个因子，35 个项目，采用里克特式 5 级评分法。

(四)抽样方法与数据

采取线上与线下两种方式进行。线下考虑到走访各区学校周期较长,仅抽取浦东、黄浦、崇明部分重点高中发放问卷;线上在问卷星网站发布问卷,抽样符合条件的学生,进行调研。本调查共发放问卷550份,共收回549份,有效问卷524份,回收有效率达95.3%。将数据用Excel表录入电脑后,使用SPSS 20.0软件进行数据分析。

三、研究结果

1. 重点高中学生完美主义的基本得分情况。在上海市部分重点高中学生的样本中,在完美主义的五个维度上,父母期望的平均数最高,担心出错的平均数最低。将524名重点高中学生在完美主义上的得分(平均数和标准差)列于下表。

重点高中学生完美主义均值和标准差

	担心出错	个人标准	条理性	父母期望	行动疑惑	完美总分
平均数	18.11	21.71	21.23	26.15	18.91	106.11
标准差	5.687	4.876	4.679	6.802	4.384	18.295

2. 市重点高中和区重点高中。重点高中生的完美主义总分及各维度得分与市重点高中或区重点高中不存在统计学差异($P > 0.05$),说明重点高中学生完美主义不受是否市重点高中和区重点高中的影响。

3. 年级。在担心出错和条理性维度上,出现极其显著性差异($P < 0.001$)。进一步分析(LSD)显示:在担心出错维度上,高三学生最显著,最担心出错;在条理性维度上,高一最显著,更具有条理性。

4. 性别。在个人标准维度上,出现显著差异($P < 0.05$),在完美主义总分上,出现显著差异($P < 0.05$)。进一步分析(LSD)显示:男生显著性高于女生($P < 0.05$),即男生更偏向有完美主义人格。

5. 班干部。重点高中学生的完美主义总分及各维度得分与是否担任学生干部不存在统计学上的差异（P>0.05），说明重点高中学生完美主义不受是否担任班干部的影响。

6. 成绩。重点高中学生的个人标准维度和行动疑惑维度在学习成绩上有极其显著性差异（P<0.001），在条理性维度上存在着显著性差异（P<0.05）。

7. 父亲学历。在父母期望和行动疑惑两个维度上存在显著性差异（P<0.05）。进一步分析（LSD）显示：在父母期望维度上，父亲本科学历、大专学历、中专学历者显著于硕士及以上者（P<0.05），对孩子期望更高；在行动疑惑维度上，大专学历、中专学历者显著高于硕士及以上学历者（P<0.05）。

8. 母亲学历。在担心出错、个人标准和完美主义总分三个维度上存在显著性差异（P<0.05）。进一步分析（LSD）显示：在担心出错维度上，母亲中专以下学历者显著于中专学历、大专学历和本科学历者（P<0.05），更担心孩子出错。在个人标准维度上，中专以下学历者显著于本科学历、大专学历和中专学历者（P<0.05），对孩子标准更高。在完美主义总分维度上，中专以下学历者显著于硕士及以上学历者显著高于本科学历、大专学历、中专学历（P<0.05），对孩子要求更完美。

9. 重点高中学生完美主义各个维度与不同焦虑水平的差异。在担心出错、个人标准、父母期望、行动疑惑四个维度和完美主义总分存在极其显著性差异（P<0.001，P<0.001，P<0.001，P<0.001）。进一步分析（LSD）显示：在担心出错、个人标准、父母期望和行动疑惑四个维度上，高度焦虑者显著高于中度、轻度焦虑者及正常者（P<0.05，P<0.01，P<0.01），中度焦虑者又显著高于轻度焦虑者（P<0.05），轻度焦虑者又显著高于正常者。说明随着担心出错的强度增加、个人标准程度增加、父母期望增高和行动疑惑增强，焦虑水平也越高。

10. 重点高中学生完美主义与考试焦虑的相关。重点高中学生的考试焦虑与完美主义的担心出错、个人标准、父母期望、行动疑惑四个维度上有非常显著的正相关（P<0.01），而在完美主义总分有着显著的正相关（P

<0.01），与条理性则存在负相关，但不显著（P >0.05）。

四、分析与讨论（略）

五、建议

（一）父母给予孩子信任和鼓励

首先，父母应当根据孩子的实际情况，适时调整对重点高中学生的期望，并逐渐形成合理的父母期望值。过高的父母期望会在无形中对孩子造成不利的影响，产生巨大的心理压力，在考试中焦虑情绪明显增强，从而影响考试成绩。此外，在高中生发生错误或遇到困难时，父母应适当换位思考，站在孩子的角度上思考问题，减轻孩子的心理压力。父母应当正确引导，用理解和鼓励的话语来代替批评和训斥，多从朋友的角度来和孩子谈论分析问题，形成一种平等的交流方式，在牢固亲子关系的同时将孩子引上正确的人生道路。

（二）引导重点高中学生树立自己合理的期待水平

高中生正确地认识自己、评价自己，不给自己制定过高的目标，就不会有因实现不了既定目标而产生的强烈落差感。发现与既定目标有差距，也不必过于纠结成绩，而延迟自己所制订的学习计划，甚至怀疑自己的能力，这既会增加了否定自身的负面情绪，也会带来一系列生理上的不适。应当及时吸取失败经验，并加以总结，为后续学习做好充分的准备工作。

（三）引导重点高中学生积极运用完美主义的正面影响

高中生可以运用完美主义影响中的积极方面，如做事尽力、思维缜密、不轻言放弃等；要努力克服完美主义的负面影响，不能因为一次或几次失败就自暴自弃。需要培养耐挫能力，增强承受自身的心理压力的能力；培养自信心，当面对课业负担时，要及时寻找合理方式进行疏通，如寻找学校里的心理老师；和父母进行沟通；与同学进行经验交流等，以此来减轻心理负担，从而疏导不良情绪，缓解考试焦虑，使身心得到舒缓。

六、参考文献

[1] 李丹. 大学生完美主义、成就目标定向和自我妨碍的关系 [D]. 河北师范大学，2008.

[2] 孙楠. 高中生完美主义对学业成绩的影响及作用机制研究：基于自我妨碍和成就目标定向的双路径机制 [D]. 吉林大学，2015.

[3] 孟锦萍. 浅析高中生完美主义思想及心理健康 [J]. 新课程学习（中），2014（05）:157.

[4] 张秀阁. 完美主义与考试焦虑的关系研究：以负面评价恐惧和学习能力自我效能感为中介 [J]. 天津市教科院学报，2013（1）:47-50.

[5] 钱泞泞. 高中生考试焦虑影响因素及其对策研究 [D]. 内蒙古师范大学，2014.

[6] 訾非，周旭. 中文 Frost 多维度完美主义问卷的信效度检验 [J]. 中国临床心理学，2006（6）:560-563.

附录11 985、211、双一流高校名单

地区	学校	985高校	211高校	世界一流大学建设高校	世界一流学科建设高校
北京	清华大学	√	√	√	√
	北京大学	√	√	√	√
	中国人民大学	√	√	√	√
	北京师范大学	√	√	√	√
	北京理工大学	√	√	√	√
	北京航空航天大学	√	√	√	√
	中国农业大学	√	√	√	√
	中央民族大学	√	√	√	√
	对外经济贸易大学	×	√	×	√
	中国传媒大学	×	√	×	√
	中国政法大学	×	√	×	√
	中央音乐学院	×	√	×	√
	中央财经大学	×	√	×	√
	北京工业大学	×	√	×	√
	北京化工大学	×	√	×	√
	北京交通大学	×	√	×	√
	北京科技大学	×	√	×	√
	北京邮电大学	×	√	×	√
	北京林业大学	×	√	×	√
	北京体育大学	×	√	×	√
	北京外国语大学	×	√	×	√
	北京中医药大学	×	√	×	√
	中国石油大学（北京）	×	√	×	√
	中国地质大学（北京）	×	√	×	√
	中国矿业大学（北京）	×	√	×	√
	华北电力大学（北京）	×	√	×	√
	首都师范大学	×	×	×	√

（续表）

地区	学校	985高校	211高校	世界一流大学建设高校	世界一流学科建设高校
北京	北京协和医学院	×	×	×	√
	外交学院	×	×	×	√
	中国人民公安大学	×	×	×	√
	中国音乐学院	×	×	×	√
	中央美术学院	×	×	×	√
	中央戏剧学院	×	×	×	√
	中国科学院大学	×	×	×	√
江苏	南京大学	√	√	√	√
	东南大学	√	√	√	√
	南京师范大学	×	√	×	√
	南京理工大学	×	√	×	√
	南京航空航天大学	×	√	×	√
	南京农业大学	×	√	×	√
	河海大学	×	√	×	√
	中国药科大学	×	√	×	√
	中国矿业大学（徐州）	×	√	×	√
	苏州大学	×	√	×	√
	江南大学	×	√	×	√
	南京邮电大学	×	×	×	√
	南京信息工程大学	×	×	×	√
	南京中医药大学	×	×	×	√
	南京林业大学	×	×	×	√
上海	复旦大学	√	√	√	√
	上海交通大学	√	√	√	√
	同济大学	√	√	√	√
	华东师范大学	√	√	√	√
	上海外国语大学	×	√	×	√
	上海财经大学	×	√	×	√
	华东理工大学	×	√	×	√

（续表）

地区	学校	985 高校	211 高校	世界一流大学建设高校	世界一流学科建设高校
上海	东华大学	×	√	×	√
	上海大学	×	√	×	√
	海军军医大学	×	√	×	√
	上海海洋大学	×	×	×	√
	上海中医药大学	×	×	×	√
	上海体育学院	×	×	×	√
	上海音乐学院	×	×	×	√
陕西	西安交通大学	√	√	√	√
	西北工业大学	√	√	√	√
	西北农林科技大学	√	√	√	√
	西北大学	×	√	×	√
	陕西师范大学	×	√	×	√
	西安电子科技大学	×	√	×	√
	长安大学	×	√	×	√
	空军军医大学	×	√	×	√
四川	四川大学	√	√	√	√
	电子科技大学	√	√	√	√
	西南财经大学	×	√	×	√
	西南交通大学	×	√	×	√
	四川农业大学	×	√	×	√
	成都理工大学	×	×	×	√
	成都中医药大学	×	×	×	√
	西南石油大学	×	×	×	√
湖北	武汉大学	√	√	√	√
	华中科技大学	√	√	√	√
	华中师范大学	×	√	×	√
	华中农业大学	×	√	×	√
	武汉理工大学	×	√	×	√
	中南财经政法大学	×	√	×	√

（续表）

地区	学校	985高校	211高校	世界一流大学建设高校	世界一流学科建设高校
湖北	中国地质大学（武汉）	×	√	×	√
广东	中山大学	√	√	√	√
	华南理工大学	√	√	√	√
	暨南大学	×	√	×	√
	华南师范大学	×	√	×	√
	广州中医药大学	×	×	×	√
天津	南开大学	√	√	√	√
	天津大学	√	√	√	√
	天津医科大学	×	√	×	√
	天津工业大学	×	×	×	√
	天津中医药大学	×	×	×	√
黑龙江	哈尔滨工业大学	√	√	√	√
	哈尔滨工程大学	×	√	×	√
	东北林业大学	×	√	×	√
	东北农业大学	×	√	×	√
湖南	中南大学	√	√	√	√
	湖南大学	√	√	√	√
	国防科技大学	√	√	√	√
	湖南师范大学	×	√	×	√
辽宁	大连理工大学	√	√	√	√
	东北大学	√	√	√	√
	大连海事大学	×	√	×	√
	辽宁大学	×	√	×	√
安徽	中国科学技术大学	√	√	√	√
	合肥工业大学	×	√	×	√
	安徽大学	×	√	×	√
吉林	吉林大学	√	√	√	√
	东北师范大学	×	√	×	√
	延边大学	×	√	×	√

(续表)

地区	学校	985 高校	211 高校	世界一流大学建设高校	世界一流学科建设高校
山东	山东大学	√	√	√	√
	中国海洋大学	√	√	√	√
	中国石油大学（华东）	×	√	×	√
浙江	浙江大学	√	√	√	√
	中国美术学院	×	×	×	√
	宁波大学	×	×	×	√
重庆	重庆大学	√	√	√	√
	西南大学	×	√	×	√
福建	厦门大学	√	√	√	√
	福州大学	×	√	×	√
河北	河北工业大学	×	√	×	√
	华北电力大学（保定）	×	√	×	√
河南	郑州大学	×	√	√	√
	河南大学	×	×	×	√
新疆	新疆大学	×	√	√	√
	石河子大学	×	√	×	√
甘肃	兰州大学	√	√	√	√
广西	广西大学	×	√	×	√
贵州	贵州大学	×	√	×	√
海南	海南大学	×	√	×	√
江西	南昌大学	×	√	×	√
内蒙古	内蒙古大学	×	√	×	√
宁夏	宁夏大学	×	√	×	√
山西	太原理工大学	×	√	×	√
青海	青海大学	×	√	×	√
西藏	西藏大学	×	√	×	√
云南	云南大学	×	√	√	√

注：1. 双一流建设学科共计 465 个，具体名单详见教育部网站
  2. 985 高校、211 高校等重点建设项目统筹为"双一流"建设

附录12　2019年度高中学生可以参加的全国性竞赛活动名单

序号	竞赛名称	主办单位	面向对象
科技创新类			
1	全国青少年科技创新大赛	中国科协青少年科技中心	小学、初中、高中学生
2	中国青少年机器人竞赛	中国科协青少年科技中心	小学、初中、高中学生
3	全国青少年创意编程与智能设计大赛	中国科协青少年科技中心	小学、初中、高中学生
4	"童创未来"全国青少年人工智能创新挑战赛	中国少年儿童发展服务中心	初中、高中学生
5	全国青少年电子信息智能创新大赛	中国电子学会	小学、初中、高中学生
6	全国中小学信息技术创新与实践大赛	城乡统筹发展研究中心	小学（三年级以上）、初中、高中学生
7	全国中小学生创·造大赛	科技日报社，中国发明协会	小学、初中、高中学生
8	"明天小小科学家"竞赛	中国科协青少年科技中心	高中学生
9	全国青年科普创新实验暨作品大赛	中国科学技术协会	初中、高中学生
10	全国中学生天文知识竞赛	中国天文学会	初中、高中学生
11	全国防震减灾知识大赛	中国地震灾害防御中心	初中、高中学生
学科类			
12	全国中学生数学奥林匹克竞赛	中国数学会	高中学生
13	全国中学生物理奥林匹克竞赛	中国物理学会	高中学生
14	全国中学生化学奥林匹克竞赛	中国化学会	高中学生
15	全国中学生生物学奥林匹克竞赛	中国植物学会，中国动物学会	高中学生
16	全国中学生信息学奥林匹克竞赛	中国计算机学会	高中学生
17	世界华人学生作文大赛	中华全国归国华侨联合会	高中学生
18	全国中学生科普科幻作文大赛	中国科普作家协会	高中学生
19	叶圣陶杯全国中学生新作文大赛	中国当代文学研究会	高中学生

（续表）

序号	竞赛名称	主办单位	面向对象
20	高中生创新能力大赛	中国老教授协会	高一、高二学生
21	"外研社杯"全国中小学外语素养大赛	北京外国语大学	高中学生
22	中国日报社"21世纪杯"全国英语演讲比赛	中国日报社	高中学生
23	"希望杯"全国数学邀请赛	中国国际文化交流中心，《数理天地》杂志社	高中学生
24	"地球小博士"和"环保之星"全国地理科普知识大赛	中国地理学会	高中学生
艺术体育类			
25	全国中小学生绘画书法作品比赛	中国儿童中心	小学、初中、高中学生
26	中日青少年书画友好交流大赛	人民中国杂志社	小学、初中、高中学生
27	全国青少年科学影像大赛	中国科协青少年科技中心	小学、初中、高中学生
28	丝路国家青少年国际摄影竞赛	中国艺术摄影学会	小学、初中、高中学生

来源：教育部

图书在版编目（CIP）数据

综合评价招生：你必须知道的高考升学新路径/周鹏飞著.—上海：上海社会科学院出版社，2020
ISBN 978-7-5520-3001-3

Ⅰ.①综… Ⅱ.①周… Ⅲ.①高等学校—招生—介绍—中国 Ⅳ.① G647.32

中国版本图书馆 CIP 数据核字（2020）第 008345 号

综合评价招生——你必须知道的高考升学新路径

著　　者：周鹏飞
责任编辑：路　晓
封面设计：高静芳
出版发行：上海社会科学院出版社
　　　　　上海顺昌路 622 号　邮编：200025
　　　　　电话总机 021-63315947　销售热线 021-53063735
　　　　　http://www.sassp.cn　E-mail: sassp@sassp.cn
照　　排：上海碧悦制版有限公司
印　　刷：上海颛辉印刷厂
开　　本：710 毫米 ×1010 毫米　1/16 开
印　　张：9.75
字　　数：144 千字
版　　次：2020 年 3 月第 1 版　2020 年 3 月第 1 次印刷

ISBN 978-7-5520-3001-3/G·897　　　　　　定价：49.80 元

版权所有　翻印必究